10가지 도덕적 역설

10 moral paradoxes
by
Saul Smilansky

10 가지 도덕적 역설

사울 스밀란스키 지음 ▪ 안건훈 옮김

서광사

이 책은 Saul Smilansky의 *10 moral paradoxes*(Blackwell Publishing Ltd, a company of
John Wiley and Sons Inc., 2007)를 완역한 것이다.

10가지 도덕적 역설

사울 스밀란스키 지음
안건훈 옮김

펴낸이—김신혁, 이숙
펴낸곳—도서출판 서광사
출판등록일—1977. 6. 30.
출판등록번호—제 406-2006-000010호

(413-756) 경기도 파주시 교하읍 문발리 534-1
대표전화 · (031) 955-4331 / 팩시밀리 · (031) 955-4336
E-mail · phil6161@chol.com
http://www.seokwangsa.co.kr / http://www.seokwangsa.kr

ⓒ 도서출판 서광사, 2010

제1판 제1쇄 펴낸날 · 2010년 3월 20일

ISBN   978-89-306-2551-7   93190

옮긴이의 글

1969년 3년간의 군 생활을 마치고 난 뒤, 다음 해에 철학과로 재입학한 후에 역자의 주된 관심은 자연과 관련된 철학적인 견해들이었다. 그런 관점에서, '과학에서의 설명', '인과성 분석' 등에 흥미를 지니게 되었다. 그 후 또 다른 호기심에서 접하게 된 '의식과 마음', '자유의지와 결정론'과 같은 인간과 관련된 분야도 공부하여 왔다. 어느 한쪽으로 너무 치우쳐 빠져들고 싶지 않아서였다. 이번에 우리말로 옮기게 된 이 책은 역자에게 흥미로운 책이었지만 번역하기에 쉽지 않은 대상이었다. 이런 유형의 책을 처음으로 번역하는 데서 오는 적응성의 문제도 있었고 더불어, 원저자의 문체도 종종 꼬여 있어, 역자로서는 그 뜻을 파악하기가 힘들었다. 그러나 이 책을 번역하면서 인생살이가 어떤 것인지를 조금이나마 알게 되었다. 우리가 걸어가는, 걸어가야 하는 모습을 이 책을 통해 조금 알게 되었고, 역자의 처지와도 관련시켜 보면서 정리도 해 보았다. 좀 더 일찍 이런 유형의 책을 접하지 못한 것이 아쉽기도 했다. 예컨대, 역자는 2009년 1, 2월에 강원대의 단기 해외연수프로그램에 참여하여 미주리주에 머문 적이 있었는데, 역자가 있던 곳은 좀 외진 곳이어서 역자는 아예 집 밖에 잘 나가지 않고 방 안에서 이 책을 번역하는 데 힘을 기울였다. 지금 생각해 보면, 이 책의 1장인 "다행스런 불운"에 부합하는 그런 생활이 되었다. 그런 여건이었기에 이 책의 번역이 가능했다.

스밀란스키가 지은 이 책은 2007년에 블랙웰 출판사에서 처음으로 출판되었다. 내용은 모두 12장으로 구성되어 있으며, 후기가 책의 말미를 이룬다. 각 장의 내용은 다음과 같다.

1장에서는, 인생살이에서 겪는 어려움들이 그런 어려움들이 없을 때보다 사람들의 삶에 전체적으로 보아 크게 기여하거나 삶을 증진시킨 것으로 밝혀지면, 그런 어려움들이 과연 불운인지 의문을 제기한다. 결국 그런 불운은 인생 전체로 보아 다행스런 것으로 여겨야 한다는 점을 들어 도덕적 역설을 소개한다. 2장은 사람들이 언제 퇴임하는 것이 바람직한지를 다룬다. 어떤 직장에 입사하려는 지원자들이 많을 경우, 그 직장의 현 직원들 가운데 능력으로 보아 하위 50퍼센트 수준에 머무르는 정직한 사람이라면, 직장을 사임하는 일을 고려해야 하는지를 다룬다. 3장은 어려운 사회·경제적인 배경 속에서 살아온 사람들이 범하는 범죄들에 대해, 그런 배경을 고려하여 형량을 경감해야 하는지 여부 (반면에, 좋은 배경 속에서 살아온 사람들이 범하는 범죄에 대해서는 엄한 처벌을 내리는지의 여부)와 관련된 문제를 다룬다. 4장은 공갈이 도덕적 비난의 대상이지만, 공갈을 통해 문제상황을 해결하고 더 나은 삶을 누릴 수 있다면, 그런 공갈은 사람들이 부담감 없이 행하는 일상적인 관행과 다르지 않다는 견해에 그 논의의 초점을 맞춘다. 이어서 공갈에 관한 이해를 넓히면서 공갈을 처벌대상에서 제외할지에 대해서도 다룬다. 5장은 처벌도 범죄도 없는 그런 정의체계를 성취하려는 데서 나타나는 난점들을 다룬다. 이런 급진적이면서도 이상적인 체계는 수용하기도 어려울 뿐만 아니라 반박하기도 힘든 그런 어려움을 동반하는 체계라는 점이다. 아울러 처벌의 필요성을 피하기 위해 불공정한 처벌로 위협해도 좋은지 여부도 다룬다. 6장은 나치의 박해를 피해 다니다가 만난 부모 사이에서 태어난 아기의 경우를 예로 들어, 나치의 박해는 나쁘지만 아기의 탄생은 좋은 일인데, 이런 관계를 어떻게 풀어나갈지를 다룬다. 7장은 평등주의의 기선(基線)이 되는 것은 '평등'임을 내세우면서, 소득을 창출하는 것은 유능한 사람들일지라도, 평등주의에서는 어떠한 사람도 무능한 사람들보다 더 높은 소득이나 재화를 지니지 못함을 지적하면서 담론을 전개한다. 평등성으로부터의 일탈은 그 정당화가 요구됨을 내세우면서 자유의지문제도 거론한다. 8장에서는 도덕성의 목표와 그런 도덕적 가치를 유발하는 형식은 서로 반대방향으로 진행됨을 지적한다. 도덕성을 향한 요구는 불행스런 어떤 약점에서 유래하므로, 도덕적인 행위를 불러내는 악들이 존재하지 않는다면, 그런 행위도 없어지게 된다. 그래서 여기서는 도덕적으로 좋은 것과 불합리한 것은 서로 분리할 수 없다는 역설성을 다룬다. 9장은 도덕적인 불평을 도덕적인 속박과 연결시키지 않는 선택도 가능함을 서술하면서, 도덕성이란 도덕적인 불평가능성을 부인도 하고, 그것의 불가피성을 강조하기도 한다는 사실에 관해 언급한다. 아울러 나쁘거나 잘못된 것으로 평가되는 상황과, 도덕적 불평에 관해 불평할 여지를 허용하지 않는 것 사이에 놓인 간극도 다룬다. 10장은 태어나지 않음을 선호하면서도 어떤 사람의 삶을 가치 있는 삶으로 여기는 데서 오는 불일치성을 다룬다. 태어나지 않음을 선호하는 것이 어떤 이의 삶이 가치없다는 평가의 귀결일 필요도 없고, 그런 선호가 이런 평가를 함축할 필요도 없음을 다룬다. 11장에서는 우리가 도덕적 역설들을 유감스럽게 생각해야 하는지, 그런 역설들의 발생을 막기 위해 노력해야 하는지에 관해 다룬다. 이어서 이런 역설들이 있기에 일들이 더 잘되어 가며, 우리들에게 용기를 더 북돋운다는 사실도 일깨운다. 12장은 이 책의 결론에 해당하는 부분으로, 우리가 당하는 고통은 경험의 질을 높이기 위해, 삶의 자각을 위해, 닥쳐올 일들을 준비하기 위해 있음을 지적하면서, 우리에게 도덕적 역설이 이루어지는 것과 뜻하는 바를 이해할 것을 요구한다.

이어서 후기에서는 도덕적인 역설성에 관한 미래와, 있음 직한 그 영향에 관해 다룬다. 우리는 미래에도 고도의, 그리고 다양한 역설적인 환경과 마주쳐야 할 가능성이 매우 높다. 이런 점은 도덕적 역설들에 익숙해져 가는 것이, 그리고 도덕적 역설들에 임하는 방법들에 관한 숙고가 중요함을 우리에게 일깨운다. 현재에 비해 미래는 매우 다르고 더욱 역설적일 듯하기 때문에, 그에 따른 준비가 필요하기 때문이다.

이 책을 옮기기까지는 다음과 같은 고마운 분들의 도움이 있었다. 우선, 서광사 김찬우 부장은 이 책을 역자에게 소개하면서 번역을 권유해 주었다. 그분이 역자에게 이 책을 소개해 주지 않았다면 역자는 이 책을 모르고 지냈을 것이다. 경기도 파주에서 역자가 있는 춘천까지 먼 거리를 여러 번에 걸쳐 와서 역자에게 이 책에 관해 알려 준 고마운 분이다. 서광사 편집부 최민희 씨는 매끄럽지 못한 역자의 문체를 잡아 주는 데 힘써 주었다. 아울러 역자에게 언제나 큰 힘이 되어 주고 있는 자녀들, 형제자매들, 그리고 역자의 건강을 언제나 챙겨 주는 아내에게 고마움을 전한다.

2010년 2월

안 건 훈

차례

도표목록

감사의 글

> 역설이란 평화로운 마음에서 유래하는 독이 있는 꽃이며, 부패한 마음에서 싹튼 무지갯빛 광채이며, 모든 것들 가운데서도 가장 위대한 악이다.
>
> 토마스 만, 『마의 산 *The Magic Mountain*』에서

매우 많은 사람들이 수년간에 걸쳐, 역설에 관한 나의 연구를 도와주었기 때문에, 토마스 만의 위와 같은 말이 실수였기를 바란다. 하지만 어떤 경우이든, 나는 이 저서나 이 저서를 출현케 한 논문들과, 그리고 여러 단계에서, 읽고 조언을 해 준 사람들에게 고마움을 전한다. 나는 이런 은혜들을 잊지 않도록 노력해 왔으나, 잊었을지도 모를 사람들에게는 용서를 구한다.

많은 사람들이 나에게 적어도 하나 이상의 원문이나 수정된 견해들에 관해 고맙게도 조언을 해 주기도 했으니, 바루흐(Shlomit Baruch), 베인(Dan Bein), 벤-제브(Aaron Ben-Zeev), 드-살리트(Avner de-Shalit), 에녹(David Enoch), 가이스트(Galia Geist), 길리드(Amihud Gilead), 그로스(Michael Gross), 헤모(Meir Hemmo), 하이드(David Heyd), 혼(Giora Hon), 후사크(Doug Husak), 카하나-스밀란스키(Hagar Kahana-Smilansky), 란다우(Iddo Landau), 렌만(James Lenman),

리페르트-라스무센(Kasper Lippert-Rasmussen), 매노(Tal Manor), 맥마한(Jeff McMahan), 메이라브(Ariel Meirav), 미즈라히(Merav Mizrahi), 로스(Jacob Ross), 루빈(Simon Rubin), 잘즈 베르거(Eli Salzberger), 시글로우(Jonathan Seglow), 조나단 스밀란스키(Jonathan Smilansky), 스탯먼(Daniel Statman), 슈타이너(Hillel Steiner), 템킨(Larry Temkin), 그리고 지마하(Eddy Zemach)가 그런 분들이다.

나는 무명용사의 무덤처럼 익명으로 남아 있어야 할 학구적인 범주의 사람들에 관해서도 언급하고 싶다: 나의 논문들의 게재를 승인한 학술지의 심사위원들, 논문들을 학술지에 싣는 것을 종종 거부했던 심사위원들, 바람직스러운 심사를 해 준 심사위원들과 편집위원들에게 말이다. 내 논문들이 출판된 후에 그 논문들에 관해 논평을 해 준 사람마다 모두 언급하고 싶지는 않다. 하지만 나는 "다행스런 불운"에 관해 코헨(Yuval Cohen)과, "미안해하지 않는 것"에 관해 그린스펀(Patricia Greenspan), "역설의 본성"에 관해 세인즈베리(Mark Sainsbury), "유익한 퇴임"에 관해 타바록(Alex Tabarrok), "처벌 역설"에 관해 유리(Meshi Uri), 그리고 일단의 역설들에 관해 클라크(Michael Clark), 코헨(G. A. Cohen), 아이얼(Nir Eyal), 파브르(Cecile Fabre), 헤모(Meir Hemmo), 리페르트-라스무센(Kasper Lippert-Rasmussen), 슈타이너(Hillel Steiner)와 심도 있는 담론을 나눈 것에 대해 고마움을 전하고 싶다. 몇몇 사람들은 내가 제시한 역설들에 답하는 서신들을 나에게 보내 주기도 했다. 그런 분들 가운데 렌만(James Lenman), 리페르트-라스무센(Kasper Lippert-Rasmussen), 매노(Tal Manor)가 보내 준 서신들은, 나의 답장과 함께 출판되었거나 출판되려 한다. 나는 나의 연구에 보내 준 그런 관심들에 분명히 고마워하고 있다.

캐시드(Alon Chasid), 드-살리트(Avner de-Shalit), 에녹(David

Enoch), 길리드(Amihud Gilead), 그로스(Michael Gross), 후사크(Doug Husak), 카하나-스밀란스키(Hagar Kahana-Smilansky), 켈너(Menachem Kellner), 란다우(Iddo Landau), 렌만(James Lenman), 매노(Tal Manor), 맥마한(Jeff McMahan), 메이라브(Ariel Meirav), 필펠(Avital Pilpel), 앨머 스밀란스키(Alma Smilansky), 조나단 스밀란스키(Jonathan Smilansky), 스탯먼(Daniel Statman), 위글리(Simon Wigley), 장윌(Nick Zangwill)은 거의 대부분의 원고를 너그럽게 읽어 주고 논평을 해 주었으므로 특별한 감사를 드리고 싶다. 그들은 이 책에 큰 기여를 했다. 이도(Iddo), 헤이거(Hagar) 및 대니(Danny)는 각 논문들에서 다룬 거의 모든 역설들 각각에 관해 미리 읽어 주었으므로, 더욱 더 큰 찬사를 받을 만하다. 확실히 그들은 여전히 이 책에 남아 있는 하자(瑕疵)에 대한 책임 때문에 내가 갖게 되는 매우 큰 짐들을 덜어 주었다.

2004년 겨울과 2006년 봄 동안에 있었던 수업시간에, 하이파대학교의 학생들과 더불어 이 책의 초고를 다시 읽어 볼 기회가 있었는데, 나에게 유익했다. 나는 이곳에서 언급할 수 있는 것보다 더 학구적인 토론을 위해 덴마크, 이스라엘, 포르투갈, 터키, 영국, 미국에서 이런 몇몇 역설들에 관해 논의해 왔다.

역설들 가운데 3개가 쓰여졌고, 이어서 2003~2004년 랏거스대학교(Rutgers University)에서 안식년을 보내는 동안, 이 책을 저술하는 계획이 구안되고 시도되었다. 나는 랏거스대학교 철학과에서 나에게 베푼 친절을 고맙게 생각한다. 나는 다음의 사람들에게 특별한 고마움을 표하고 싶다. 템킨(Larry Temkin)의 경우는 철학과에서 나의 후원자이자 나를 환영하던 주된 인물이었으며, 철학적인 대화를 할 시간들을 내 주었다; 맥마한(Jeff McMahan)은 철학적인 것이든 아니든 계속해서 배려와 사려 깊은 도움을 나에게 주었다; 후사크(Doug Husak)는 주로 처벌에 관해 이야기하면서 나와 함께 유쾌한 점심식사를 자주 했다. 비올라 (Susan Viola), 디아즈(Mercedes Diaz), 미첼(Pauline Mitchell), 그리고 위시냑(Matthew Wosniak)은 학과에서 내가 필요로 하는 것들을 처리해 주었고, 그곳에서 즐겁고 생산적인 안식년을 보낼 수 있도록 나를 도와 주었다.

나는 원고가 좀 더 명료하게, 좀 더 잘 쓰여지도록 하는 데 콜러 (Alice Koller)의 도움을 받는 아주 큰 행운도 가졌으므로, 그녀의 노고 와 값진 충고에 감사드린다. 나는 그레일링(Anthony Grayling)에게도 고마움을 느낀다. 그는 나에게 책 출판에 관한 아낌없는 조언과 용기를 주었다. 블랙웰(Blackwell) 출판사의 철학담당 편집자인 벨로리니(Nick Bellorini)는 처음부터 책 출판 계획에 열성적이었으며, 계속해서 이상 적인 편집자였다. 블랙웰 출판사에 소속된 2명의 서평가들은 이 책이 지닌 특성에 관해 호의적이었으며, 세부적인 비평도 해 주었다. 책을 계획하면서 나는 케인(Gillian Kane), 매튜스(Kelvin Matthews), 로우즈 (Valery Rose)와 함께 일하는 것이 즐거웠다. 앨머 스밀란스키(Alma Smilansky)는 도형을 그려 주었다. 루푸(Marion Lupu)는 원고의 마지막 손질을 해 주었으며, 증명들도 점검해 주었다.

나는 이 책과 관련된 사항들에서 나에게 도움을 준 여러 방면의 친 구들 — 여기에서 언급한 대부분의 사람들은 서로 다른 재능을 지닌 채 나를 도와주었는데 — 이 내게 베푼 고마움을 다 서술할 수 없다; 나는 그들이 그들 스스로가 어떤 사람이며, 내가 느끼는 바를 알 것이라 확 신한다. 하지만, 란다우(Iddo Landau)만은 예외로 하고 싶은데, 그는 나 와 함께 역설과 이 책에 대해 아주 면밀하게 고투했으며, 각 단계마다 큰 도움을 주면서 기운을 북돋아 주었다. 언제나 그렇듯이, 나는 내가 겪는 어려움을 나의 어머니 사라(Sarah)와, 형제들인 헤이거(Hagar), 앨머(Alma), 그리고 조나단(Jonathan)의 사랑 속에서 참고 견뎠다. 나는 나의 형제 조나단(Jonathan)에게 이 책을 헌정한다.

나는 여기서 또한 다음의 논문들을 사용하도록 허락해 준 편집자들과 출판인들을 감사한 마음으로 알리려 한다: *Southern Journal of Philosophy* 30(1992: 123~128)에 실린 "정의와 엄한 처벌에 관한 2가지 뚜렷한 역설"; *Ratio* 7(1994: 153~163)에 실린 "다행스런 불운"; *Analysis* 55(1995: 116~120)에 실린 "공갈을 걱정하지 않아도 되는가?"; *Australasian Journal of Philosophy* 75(1997: 241~247)에 실린 "태어나지 않음을 선호하는 것"; *Encyclopaedia of Ethics* 2판(London: Routledge, 2001)에 실린 "공갈"; *Analysis* 63(2003: 146~151)에 실린 "선택-평등주의와 기선(基線)의 역설"; *Philosophy* 80(2005: 261~265)에 실린 "도덕적으로 나쁜 일들에 관해 미안해하지 않는 것"; *Metaphlosophy* 36(2005: 490~500)에 실린 "도덕성과 도덕적인 가치 간의 역설적인 관계"; *Ratio* 18(2005: 332~337)에 실린 "유익한 퇴임의 역설"; *Utilitas* 18(2006: 284~290)에 실린 "도덕적인 불평의 역설"을 참고했음을 밝힌다.

머리말

철학의 요점은 너무나 단순해서 진술할 값어치가 없는 그런 어떤 것에서 출발해서, 너무나 역설적이어서 아무도 그런 것을 믿을 수 없는 그런 어떤 것으로 끝난다.

버트런드 러셀,

『논리적 원자론의 철학*The Philosophy of Logical Atomism*』

만일 하느님이 아주 자비롭고 전지전능하다면, 어떻게 세상에 그렇게 많은 고통과 사악한 일이 있을 수 있는가? 만일 우리가 내리는 선택을 포함해서 사건마다 그 원인을 지닌다면, 그런 선택의 원인 때문에, 어떻게 우리는 우리가 선택했던 것과는 달리 다른 것을 선택할 수 있을까?

많은 다른 사람들처럼, 나도 십 대 시절 주로 그런 뚜렷한 역설에 흥미를 느끼면서 철학에 관심을 지녔다. 철학적인 수수께끼에 흥미를 느끼는 대부분의 젊은이들이 이런 유혹을 극복해 내고, 계속해서 정진하여 그들이 사는 공동체의 기둥이 된 반면에, 나의 경우에는 그런 전이(轉移)를 완수하지 못한 듯하다. 두 번째 당혹스러움(정식으로 말하면 그것은 역설이 아닌데)은 자유의지문제에 관한 견해인데, 나를 너무나도 성가시게 해서 나는 거의 12년 이상이나 그 문제를 연구해 왔다.『자유의지와 착각』(*Free Will and Illusion* 2000)이라는 나의 저서가 바로 그 결과물이다.[1] "거짓말쟁이 역설"(Liar Paradox)이나 제논의 역설들(Zeno's paradoxes)과 같은 악명 높은 역설들도 나의 호기심을 자극했다(철학적인 역설들을 개괄적으로 알기 위해선 예컨대, 파운드스톤(Poundstone) 1990; 세인즈베리(Sainsbury) 1996; 레셔(Rescher) 2001; 클라크(Clark) 2002; 올린(Olin) 2003; 소렌슨(Sorensen) 2003을 참조할 것). 내가 철학에 입문하게 되었을 때, 나는 종종 순진한 친척들과 친구들에게 이런 역설들을 시도해 보곤 했다. 그러나 내가 겪었던 초기교육에서조차도, 논리적이거나 형이상학적이거나 지식적인 그런 역설들은 실제로는 문제가 되지 않았다; 그런 역설들은 재미있었으며 아마도 우리에게 어떤 것을 가르쳐 주는 것이기도 했다. 내가 정말로 중요하게 여긴 역설은 도덕적 쟁점들이나 "삶의 의미"를 담고 있는 그런 것들이었다.

그러므로 나의 철학적인 과제는 처음부터 도덕적 역설에 관한 것이었다. 도덕적 역설들이 지니는 중요성에 관한 나의 견해는, 도덕철학자들에게 공통적인 것이 아니다. 역설들이 논리학, 형이상학, 지식론의 중심으로 인식되는 한, 그리고 위대한 문학작품들이 이런 중추성(中樞性)을 반영하는 한, 역설들이 윤리학에서는 그와 같은 지위를 결여하게 된다. 적어도 이런 경향이 서양철학 내에서는 주류를 이루며, 특히 좀 더 조심성 있으면서 역동적이기도 한 영미계의 지배적인 분석유형에서 그렇다. 이런 논제에 관한 학구적인 저서가 아직은 없을 뿐만 아니라, 내가 아는 한 "도덕적 역설"이란 제목이나 그와 유사한 제목의 논문들을 모아 엮은 책도 없다. 그런 제목에 기여할 학술지에서의 어떤 특별한 논쟁도 없다. 하지만 역설과 관련된 것을 다루는 그와 비슷한 논문이나 책들은 다른 여러 철학분야에 수없이 많이 있다. 마치 윤리학에서

"비역설적인"(non-paradoxical) 많은 쟁점들에 관련된 그런 논문과 책들이 있는 것처럼 말이다. 일부 도덕적 역설들은 현대분석윤리사상에서 나름대로 어떤 역할을 해 왔지만, 도덕적 역설에 관하여 그 중추성을 안다는 것과 그런 역설들을 찾아내기 위해서 관심을 지니는 것은 드문 일이다.[2]

이런 이유를 분명하게 알 수 없지만, 열정적으로 해야 할 많은 것들이 있을 수 있다. 역설이란 전형적으로 논리적인 어려움, 간결성, 어떤 유형의 야성 및 솔직함과 결합하여 비결정성을 띠는 것 같다. 아마도 이런 유형의 어려움 때문에 사람들은 도덕성이 그런 것을 위한 위치에 있음을 믿지 않으려 할 것이다. 도덕성에 관심을 지니는 많은 철학자들은 도덕적인 문제들이 간결하게, 해학적으로, 그리고 불경(不敬)하게 취급될 수 있다거나 취급되어야 한다는 생각들을 싫어할지도 모른다. 다른 철학분야에서는 역설들이 도전적이며 활기를 불어넣는 것이라고 여길 수 있는 데 반하여, 윤리학에서는, 다시 말해 사람들의 생활과 사회구조가 영향을 받을 수 있는 그런 곳에서는, 역설들이 사람들을 무력하게 만들거나 그렇지 않으면 위험한 것으로 간주된다고 보는 견해가 오히려 자연스럽다. 또한, 도덕적 역설들은 따라잡기가 어렵기도 하다! 이런 점들이 실질적으로뿐만 아니라 방법론적으로도 역설과 관련된 화제에서 소홀히 하게 되는 어떤 이유일지도 모른다. 내가 생각하기에, 비록 우리가 그런 역설이 탐구의 목적이 아님을 바란다 할지라도, "역설에 관한 탐구"가 철학적인 추구의 큰 부분이라 여겨진다. 아울러 분명하면서도 깊은 사고가 도덕적으로 중요하다고 우리가 믿는 한, 그런 추구는 또한 도덕적인 기도(企圖)이기도 하다.

도덕적 역설들은 재미있기는 하지만 우리가 그런 역설들을 접할 때 온갖 흥미를 느낄 수 있다 하더라도, 그런 역설들은 근본이 되는 도덕적인 직관들에 대해, 우리들이 지닌 윤리적인 이론들에 대해, 그리고 일반적으로는 우리 마음의 평화에 대해 공격적인 위협이기도 하다. 우리의 일상적인 삶에서는 조그만 부상을 보고 그것을 빨리 치료하려 할 때는, 붕대로 그 상처를 감고 싶어 한다. 그런데 훌륭한 철학은 그와 반대되는 일을 한다. 좋은 철학은 모든 것이 분명하고 확실한 듯한 곳에서 상처들을 찾아내고 상처들을 생기게 하며, 상처가 드러날 때까지 심하게 문지른다. 이런 점에서, 다른 방법들에서처럼, 역설은 철학의 축도(縮圖)이다. 역설들은 우리들이 어떤 것을 이해하려 할 때 제일 먼저 선도적으로 나타나는 듯하며, 우리로 하여금 깊게 이해하도록 한다. 역설들은 철학이 지닌 다양성을 보여 준다: 걱정거리이며, 해학적이며, 짧고도 무한하며, 논리적이면서도 실존적이다.

이 책은 2가지 수준에서 그 효과를 나타낸다. 첫째, 10개의 기본이 되는 뚜렷한 역설들을 제시하고, 서로 다른 논제를 탐구함으로써, 우리들로 하여금 도덕성과 삶을 다르게 바라볼 수 있게끔 우리를 돕는다. 이런 역설들은 따로따로 개별적으로 읽혀질 수 있다. 둘째, 점진적으로 탐구함으로써 — 역설들을 통해, 그리고 이런 역설들을 위해 제시된 2개의 장(章)들에서 — 도덕성과 삶이 역설적이라는 것이 무엇을 뜻하는지, 그리고 우리들이 어떻게 이런 것들을 다루어야 하는지에 관해 우리를 돕는다.

역설이란 무엇인가? 철학자들 가운데 어떤 사람들은 탐구되는 견해들이 논리적으로 엄격히 모순으로 이어지는 그런 기준과 맞닥뜨리지 않는 한, 역설적인 어떤 문제들을 고찰하고 싶어 하지 않을 수도 있다. 반면에, 철학자들을 포함해서 다른 사람들은 아주 방임적인 자세를 취할 수도 있을 것이다. 그들은 "역설"이란 용어를 단지 당혹스러움이나 일상적이 아니거나 예기치 않거나 반어(反語)적인 어떤 것을 일컬을 때 사용할 뿐이다. 내가 여기서 제시하는 도덕적 역설들은 이러한 2가지 극단적인 것들 사이에 나타나는 범위가 너무 광범위하다는 점을 보여준다. 우리는 논리적으로 엄밀한 모순을 필요로 하지 않는 것이 아니라, 역설이라 여기는 것에 아주 엄격해지려는 것이다. 콰인(W. V. Quine)은 그의 고전적인 논문이기도 한 "역설의 방법들"(The Ways of Paradoxe)에서, 다음과 같이 질의응답을 하였다: "그렇다면, 역설이란 일반적으로 처음에는 단지 불합리한 어떤 결론이지만, 그 나름대로 그런 결론을 지지하는 어떤 논증을 지닌 것이라고 말해도 좋은가? 결국은 역설에 관한 이런 설명이 아주 잘 지지된다고 나는 생각한다(Quine 1976: 1)." 이 점은, 내가 보기에 너무 느슨한 설명이다. 왜냐하면 "처음에는" 불합리하다는 말은 충분치 못하다: 놀랍기는 하지만 (생각해 보면) 쉽게 받아들일 수 있는 결론은 역설이 아니다. 세인즈베리(R. M. Sainsbury)는 그의 저서 『역설』(Paradoxes)에서 적절한 강도를 유지하면서 다음과 같이 우아하게 역설에 관해 정의하고 있다: "이것이 내가 이해하는 역설이라는 것이다: 분명히 받아들일 수 없는 결론이, 분명히 받아들일 수 있는 전제로부터, 분명히 받아들일 수 있는 추리에 의해 도출되는 그런 것이다"(Sainsbury 1996:1).[3] 흔히, 우리는 역설의 전제들과 추론은 분명히 받아들일 수 있을 뿐만 아니라 겉으로는 부인할 수 없는 것으로 알고 있을 것이다.

콰인은 다음과 같이 역설들을, 참인 역설(veridical paradox), 거짓 역설(falsifical paradox), 이율배반에 관한 역설(paradoxes of antinomy)로써 3가지 유형으로 구별한다. 참인 역설에서는 외관상으론 불합리한 결론이 참인 것으로 밝혀지는 경우다. 우리는 그것의 진실성을 받아들여야 하며, 그것이 역설이 아님을 알기 위해 배워야 한다. 거짓 역설은 거짓결과들(예컨대, 1 = 2; 또는 아킬레스(Achilles)와 거북이의 움직임에 관해 우리들이 잘 알고 있는 생각들을 부정하는 것)을 옹호하는 것과 관련되어 있는데, 전제나 논증의 부정을 통해 해결될 수 있다. 이율배반에 관한 역설에서는, 2개로 이루어진 일련의 논증이 모순된 결과로 이어지며, 그 각각은 모두 잘 옹호되는 듯이 보인다. 우리는 외관상으로는 양쪽 모두 다 포기할 수 없다.[4]

이런 전통적인 용어들 이외에도, 우리는 또 다른 개념들을 필요로 한다고 생각하는데, 다름 아닌 실존적인 역설(existential paradox)이다. 이런 유형의 역설은 앞에서 소개한 참인 역설과 그 진리성을 같이하는데, 여기서는 그 역설성(paradoxicality)이 실제적이다. 콰인의 견지에서는 참인 역설은 참이지만 역설적인 듯이 여겨지는 반면에, 실존적인 역설은 참이면서 실제로 역설적이다. 실존적인 역설에서는 곰곰이 생각하더라도 결론이 불합리한 것으로 나타나지만, 불합리한 것임에도 참인 것으로 그런 결론을 받아들일 필요가 있다. 결점은 거짓 역설처럼 그것들로부터 역설적인 결론에 이르는 그런 가정이나 논증에 있는 것이 아니라, 이런 결론이 기술하는 "실재성"(reality)에 있다. 도덕적 역설이 아닌 그런 역설들을 다루는 철학자들은, 역사적으로 보면, 엄격한 모순을 강조함으로써 논증의 전제들이나 논증의 타당성에서 잘못되어지고 있는 것을 탐구하는 데 초점을 맞춘다. 그러나 우리가 앞으로 알게 되듯이, 도덕적 역설들 가운데 어떤 경우들은(도덕성에 관해 우리들이 지니는 최상의 이해에 근거하면) 불합리하다. 이런 의미에서 "실존적인 역설"은 건설적이다: 우리는 절망적으로 손을 뗄 필요도 없고, 그것을 제거하기 위해 그것이 어떻게 결론에 이를 수 있는지 음미할 필요도 없다. 이와는 반대로 역설적인 결말은 사물들이 존재하는 방법과 관련된 하나의 계시이다. 도덕적 역설이 아닌 그런 역설에 관한 논의에서는 약간의 평행선이 존재하기 마련이다. 예컨대, 파운드스톤(Poundstone)은 "역설들이란 '우리들의 머릿속에만 있을 뿐' 인가, 아니면 보편적인 논리구조로 구성될 수 있는 것인가?"(Poundstone 1990 : 19) 하고 질문을 던졌다. 우리들의 초점은 도덕적 역설일 것이다. 그렇다면, 역설이란 또한 수용할 수 있는 전제들로부터 수용할 수 있는 추리에 의해 도출된 불합리한 결론일 수 있다.

무엇이 불합리성을 조장하는가? 어떤 사태가 불합리하다고 말하는 것은, 우리와 관련된 의미에서는, 이런 사태와 인간의 이성이나, 본성이나, 도덕적인 질서에 관해 우리들이 지니는 기본적인 기대 사이에, 근본적으로 서로 용납하지 않는 어떤 것이 있음을 말하는 것이다. 이런 광범위한 특징 이외에도, 우리들의 토론과정에서 더 분명하게 드러나게 될 것이라고 생각도 해 보면서 이런 직관적인 개념을 남겨 놓으려 한다. 나는 건전한 의미에서 "역설"이라는 용어를 사용하려 하기 때문에, 상응하는 불합리성이 역설인 것이 되기 위해선 실질적인 것일 필요가 있다.

내가 제시하는 역설들은 다음과 같은 여러 종류의 역설들로 나뉠 것이다. 이런 역설들은 확실히 서로 혼합된 묶음이기도 하므로, 그것에 적절한 듯이 여겨지는 대로, 서로 다른 방법으로 논의될 것이다.

1장, "다행스런 불운"에서는 특별하지만 공통의 상황을 취급할 것인데, 이는 어떤 유형의 통렬한 경험을 분명치 않게 하는 그런 상황이기도 하다. 나는 아주 나쁜 어떤 것이 사람들에게 발생하였지만(심각한 신체적인 장애를 지닌 채 태어났거나, 극빈의 상태로 태어난 것과 같은), 이런 어려움들이 전체적으로 볼 때, 그들의 삶에 기여하거나 삶을 크게 개선한 것으로 밝혀진 그런 경우를 예로 들고 싶다. 이런 초기의 불운을 어떻게 조명하여야 할 것인지가 문제로 남는다. 극복되어진 그런 것이 불운인가, 아니면 실제로는 행운인가? 이런 불운이 전체적으로 보아 그들의 삶을 더 낮게 했다 할지라도, 이런 불운 때문에 그들이 우리들에게 동정이나 보상을 받을 만한가? 역설적으로, 우리는 이런 경험들이 불운이었는지 아니었는지를 곧바로 생각하는 경향이 있다. FM방송에서 소개되는 많은 경우들을 보면, 우리는 이를 악물고 참아야 한다고 결론짓고 있다: 이런 견해와 역설성이 관련되어 있다. 가장 심각한 불운조차도 행운으로 여길 필요가 있다고 여기면서 말이다.

2장, "유익한 퇴임의 역설"은 많은 사람들과 관련된 약간은 위협적인 논증이기도 한데, 이 역설은 사람들이 퇴임해야 할 때와 연관되어 있다. 그럴싸하게 잘 알려진 일상적인 삶의 소재들을 다루면서, 이 역설은 예상하지 못한 전망을 불러일으킨다. 나는 많은 직업과 일들(의사와 학원과 같은)에서, 그들보다 더 나은 사람들이 그들을 대체할 것 같기 때문에, 그들이 정직한 사람들이라면, 아마도 50퍼센트의 사람들은 그들이 현재 누리는 지위에서 떠나는 것을 고려해야 함을 주장하고자 한다.

3장, "정의와 엄한 처벌에 관한 두 역설"은, 효율과 공과가 형(刑)을 선고하는 데에 어떤 역할을 해야 한다는 것과 관련된, 우리들이 흔히 하는 생각 속에 깔려 있는 그런 긴장상태를 명백히 한다. 경제적으로 어려운 사회적인 배경에서 기인하는 대부분의 범죄들은, 한편으로는 그들이 성장한 거친 환경에서 기인하기 때문에 그들에게 유리하도록 죄를 경감시키는 요인들을 지닌다. 반면에 다른 한편으로는 주로 비슷한 이유로, 범죄들이 그런 식으로 경감된다면, 많은 범죄자들은 더 심한 처벌의 위협도 감수해야 할 것 같다. 이 점은 도덕적으로 묘한 것들을 야기함을 뜻하는데, 나는 그것에 관해 2개의 관련된 역설로써 기술하려 한다.

4장, "공갈: 해결"은 공갈과 관련된 전통적인 2개의 역설들에 관한 것이다. 그 가운데 두번째 공갈(좀 더 성가신 것인데)은 만일 어떤 사람이 자기 부인에게 관심을 두지 않는다면 불성실을 드러내 보이는 것으로 여기고 그 사람을 위협하듯이, 평범한 일상적인 공갈의 경우를 그 이외의 다른 많은 일상적인 사회의 관행들에 비유하는 데서 나타난다. 이런 것들은 비슷한 듯하지만, 공갈과는 달리 도덕적으로 매우 밉살스럽게 여겨지는 것도 아니고, 불법적인 것도 아니다. 전통적인 역설은 일상적인 공갈이 다른 일상적인 관행들과 다르지 않음을 주장한다. 그렇다면 우리는 공갈에 관한 이해를 넓히고, 일상적인 많은 관행들을 금지할 필요가 있는가, 아니면 일상적인 공갈을 처벌대상에서 제외해야 하는가? 공갈과 관련된 특별한 그 무엇을 설명하기 위해 여러 가지 시도를 검토해 보았으나, 결론은 성공적이 아니었으므로, 나는 내 자신의 해결을 제시한다. 납득이 가기는 하지만, 이런 해결은 그 자체가 어딘지 역설적인 면이 있다.

5장, "비처벌의 역설"은 어떤 유형의 죄악으로부터 유래하는 범죄를 억제하기 위해 거칠고 적절치 않은 위협적인 징벌을 사용함으로써, 결국은 죄악과 징벌 모두를 금지하기 위해 급진적인 어떤 제의를 고려하는 것이다. 만일 우리가 완전히 억제하게 된다면, 그 즉시 어떠한 죄악도 징벌도 없을 것인데, 이런 점은 이상적인 듯하다. 그러나 공정하지 못할 수도 있을 그런 징벌로 정의체제가 위협적일 수 있는지 여부는 의심스럽다(수행되어야 할 필요성이 없으므로 그로부터 귀결되는 부정의도 없다 할지라도 말이다). 이것은 그 수용뿐만 아니라 반박도 역설적인 듯한 그런 제안이기도 하다.

6장, "도덕적으로 나쁜 일들에 관해 미안해하지 않는 것"은 도덕적으로 나쁜 일이 다른 사람에게 발생할 때, 미안해하지 않는 (또는 행복스럽기조차 한) 도덕적으로 허용가능할 수도 있을 그런 상황들을 탐구한다. 나는 이것을 천진난만한 아기로부터 신나치주의 신봉자나 강간범에 이르기까지 여러 경우들을 검토하면서 보여 줄 것이다. 그러나 그런 경우들이 직관적으로 확신이 서는 것인 한, 어떻게 도덕적이라 할 수 있을 것인가?

7장, "선택-평등주의와 기선(基線)의 역설"은, 정의와 평등에 관해 생각할 때 선택과 책임을 존중하려는 "평등에 찬성하는"(pro-equality) 처지인, 그런 철학적인 평등주의의 견해에 반대하는 일종의 간접증명법(reductio ad absurdum)과 관련되어 있다. 비록 어떤 사람이 처음에는 이런 견해에 대해 낙관적인 듯한 평등주의적인 가정을 지녔다고 할지라도, 나중에는 그런 가정이 우스꽝스러운 함축을 지니는 것으로 마무리된다.

8장, "도덕성과 도덕적인 가치"는 참된 도덕성이 목표로 하는 것(고통과 잘못을 제거하는 것과 같은)과, 도덕적인 가치를 갖는 도덕적인 행위를 야기하는 것을 제거할 필요가 있다는 것이 바로 동일한 조건이라는 사실 사이에서 나타나는 그런 갈등을 명료하게 한다. 도덕성은 자기의 꼬리를 먹어 삼키는 그런 신화적인 동물과 유사하다는 것으로 마무리된다.

9장, "도덕적인 불평의 역설"에서는 다른 사람들이 우리들에게 하는 것에 관해 우리들이 하는 것과 우리들이 할 수 있는 것 사이에 존재하는 관계를 취급한다. 나는 3가지의 예들 곧, 험담을 하는 사람, 끔찍한 범죄를 저지르는 사람, 폭력을 휘두르는 사람을 고찰하는데, 이 사람들은 다른 사람들의 행위에 관해 불평하기를 원하는 자들이다. 언제 사람들은 불평할 수 있는가? 이런 질문은 전혀 분명하지 않은 것으로 드러난다.

10장, "태어나지 않음을 선호하는 것"에서는 태어나지 않음을 선호하면서도 어떤 사람의 삶을 가치 있는 삶으로 여기는 그럴싸한 선호의 불가능성에 관해 탐구한다. 우리는 이것이 이치에 맞을 수도 있으며, 무엇이 합리적인지에 관해 우리들의 이해를 넓히며, 한계상황 속에 처한 사람들(예를 들어, 매우 민감하거나, 그들 스스로를 경멸하거나, 노년의 삶을 싫어하는 사람들)에 대한 우리들의 판단과 관련되어 있음을 안다.

11장, "메타-역설: 역설들은 나쁜가?"는 우리들이 조사해 온 여러 가지 다른 어떤 역설들 가운데 어떤 것에 우리가 되돌아올 때 나타나는 역설이다. 11장에서는 우리가 역설들을 유감으로 생각해야 하는지, 그런 역설들의 발생을 막기 위해 노력해야 하는지의 여부도 물을 것이다. 우리들은 역설들이 있기에 도덕적으로나 개인적으로 일들이 잘되어 가고 있으며, 가끔은 역설성이 권장되기조차 해야 함을 안다.

12장, "도덕적 역설에 관한 숙고"는 이 책의 결론에 해당하는 부분이다. 역설에 관해 탐구한 후에, 우리들은 일단의 물음들을 다루게 되는데, 그런 물음들은 도덕성과 인간의 삶과 관련되어 나타나는 역설성이 함축하는 것들을 다룬다. 그 귀결은 복잡하므로, 흥미를 느끼면서 생각하기를 기대한다.

"후기: 미래와 도덕적 역설"에서는 도덕적인 역설성에 관한 미래와 그 가능한 영향에 관해 살핀다.

우리들의 논의는 도덕성의 범위에서도, 철학적인 어떠한 논증을 위해서 필요한 그런 최소한의 요청을 훨씬 뛰어넘을 수는 없다: 도덕에 관한 대화는 이성이 주어진, 이성이 확신이나 불확신으로 평가될 수 있는 그런 경기장이기도 한데, 그런 경기장에서 판단이 비판되고, 정정되고,

넓혀진다.

그런 것들이 적절하게 이루어질 때, 철학은 비판적이고, 합리적이고, 지적으로 정직한 것이 된다. 철학은 일련의 교조가 아니며, 지식체(body of knowledge)만도 아니다. 오히려, 철학은 하나의 과정이며, 어떤 유형의 문제에 접근하는 하나의 방법이다. 이는 철학에 친숙하지 못한 사람들이 일련의 사실을 파악함으로써 철학을 배울 수 있는 것이 아니라, 철학이 초래하는 방법에 친숙해짐으로써만 철학을 배울 수 있음을 뜻한다. 이 책은 기꺼이 노력하는 사람들에게 도움이 되어야 한다. 철학에 관한 이전의 어떤 공부도 필요로 하지 않는다.

아주 약간의 철학적인 용어가 이 책에서 사용될 것이다. 흔히 언급될 유일한 예는 "공리주의"로 알려진 도덕이론이다. 공리주의는, 대충 말해서, 사람들은 세상에서 항상 행복이나 복지의 총계를 극대화하기 위해 행위해야 한다는 견해다. 약간의 다른 용어들도 언급되는 대로 이 책에서 설명될 것이다.

그런 것들이 지닌 특별한 의의 이외에도, 역설의 존재는 우리들에게 철학이나, 도덕성이나, 생활에 관하여 무엇을 가르치고 있는가? 그러한 물음들은 우리가 개별적인 역설들에 친숙하게 된 후인, 마지막 2개의 장인 "메타-역설"과 결론 부분인 "도덕적 역설에 관한 숙고"에서 다루어질 것이다. 나는 도덕적 역설들이 도덕성과 우리 자신에 관해 철학적으로 이해하는 데 크게 기여하리라 믿는다. 역설들은 생활의 윤택, 복잡성 및 때때로는 심술궂음, 불합리성도 보여 주면서, 도덕적, 사회적, 개인적인 진실성에 깊이 새겨져 있다. 우리는 우리와 더불어 존재하는 역설에서 배울 필요가 있으며, 그것을 다루는 것도 배워야 한다. 미래에는 이 책의 후기에서 시사했듯이 이런 점들이 더욱 그렇게 될 것이다.

이런 모든 것들로부터, 끝없는 논쟁과 그런 논쟁이 야기하는 더 진척된 식견이 분명해질 것이다. 나는 소모적이거나 종국적인 논의를 제공하기 위해 주장을 펴는 것이 아니다. 이 책은 마음의 문을 여는 것을, 분석적인 도덕철학이 어떻게 즐거운 가운데서도 동시에 이해를 돕는지를 보여 주는 것을, 새로운 문제점들을 제기하는 것을, 새로운 문제점들을 발견했을 때에는 가능한 해결점들을 제시하는 것을 목표로 한다 ― 그리고 독자들에게 그런 역설들과 맞붙어 보라고 제시하는 것을 목표로 한다. 마지막으로, 메타-역설(11장) 외에는, 내가 역설들을 배열하는 데 마음속에 어떤 주제적인 의미나 미적인 의미를 지니면서 그렇게 했다 할지라도, 나의 책에서는 그런 역설들이 책 순서대로 읽힐 필요는 없다. 짧막한 이야기들을 모아 놓은 것이므로, 독자들은 뛰어넘을 수도 있고, 선택할 수도 있다. 역설과 더불어 용감히 뛰어들어 보려는 사람들을 위해서 말이다.

· · · · · · · · · · 주 · · · · · · · · · ·

1. 자유의지에 관한 나의 연구결과도 역설에서 유래된다. 가장 놀라운 것은 강한 결정론과 도덕적인 가치에 관한 것이다(Smilansky 1994a ; Smilansky 2000 : sec. 10.1). 몇몇의 혹평가들은 자유의지에 관한 나의 전체적인 입장이 역설적이라고 주장하기도 한다. 나는 이 책에서는 이미 출판된 논의들은 포함시키지 않았다: 이 책에 소개된 10가지 도덕적 역설들 가운데 어느 것도 자유의지를 직접적으로 다루지는 않는다.
2. 파핏(Derek Parfit)의 초기 저서는 예외지만 말이다. 그런 점은 주로

『이성과 인간』(*Reasons and Persons*)에서 드러나는데, 그 책은 나에게 감화와 영향을 주어 왔다. 하지만 파핏이 제시한 특별한 역설들이 흥미를 끌기는 했지만, 나는 그런 역설들을 탐구하는 데 그가 제시한 예를 추구하지는 않았음을 주목하라. 나중에 카브카(Gregory Kavka)도 그의 연구에서 도덕성과 역설을 결합시키려 했지만(Parfit 1987), 슬프게도 그는 젊은 나이에 세상을 떠났다. 정치학상의 문맥에서도 몇몇 역설에 관한 논의가 있어 왔는데, 특히 놀이이론(game theory)에서 그랬다(예컨대, Brams 1976). 논의가 좀처럼 권위에 그 초점이 맞춰지지는 않았다 할지라도 말이다. 1940년까지 멀리 65년 전을 거슬러 올라가, "철학자 색인"(Philosopher's Index)의 표준철학 자료에서 "도덕적 역설"과 결합된 용어들을 찾아보면, 단지 8개만 그 결과로서 나타나는데, 그것들 가운데 3개는 플라톤이 제시한 소위 "소크라테스적 역설들"(Socratic paradoxes)이고, 2개는 핵전쟁억제(nuclear deterrence)에 관한 것이었다.

3. 소렌슨(Roy Sorensen 2003)은 역설들이라 해서 모두 다 이런 틀에 들어맞는 것은 아닐 거라고 그럴듯하게 주장하면서, 하지만 우리의 목적을 위해서는 콰인-세인즈베리(Quine-Sainsbury)가 제시한 정의에 관한 유형이 그런대로 적합할 거라고 언급했다.

4. 올린(Doris Olin 2003)은 다음과 같은 2가지 구별들이 있음을 올바르게 지적했다: 하나는 단선형 논증(그녀는 이것을 유형 1 역설이라 일컬었다)인지 아니면 분리된 2선형 논증(유형 2)인지에 관한 것이다. 다른 하나의 구별은 그 결과가 진실을 말하는 것인지 거짓을 말하는 것인지에 관한 것이다. 그러나 나는 콰인이 사용했던 친숙한 용어를 계속해서 사용할 것이다. 소정의 역설은 서로 다른 유형들의 역설에 속하는 예로서 기술될 수도 있을 것이지만(말하자면, 진정

한 역설로서나 이율배반으로서 말이다), 하나로 된 기술이 더 적절할 것이다.

1 다행스런 불운

Fortunate Misfortune

인간은 불운 속에서 빠르게 발전한다.

헤시오도스, 『노동과 나날 Works and Days』

어떤 사람은 다른 사람들보다 편안하게 살고, 또 어떤 사람들은 더 잘 산다. 이런 두 가지 진부한 말들 간에 어떤 필연적인 결합이 있는 것은 아니다. 하지만, 사람들은 종종 그들의 삶에서 성공과 행복을 촉진시켜 준다는 측면이 있기는 하지만, 선택하지 않은 커다란 고난들을 겪게 되거나 원치 않은 가혹한 어려움에 직면함으로써 불운을 겪게 되는 듯하다. 이런 점은 어떤 문제를 만들어 낸다: 만일 인생에서 있음 직한 불운이 전체로 보아서는 유익한 것으로 증명되었다면, 그런 불운은 진정한 불운이 아닌 것으로 여겨져야 한다. 하지만 우리의 실제 삶에서 어떤 양상들은 그 후 무엇이 발생했든지 개의치 않고, 분명히 불운일 것이다. 삶의 모습들이 불행함을 주장하면서도, 또한 그런 모습들의 실상을 믿지 않으려는 것이 우리에게는 노출되어 있는 듯하다. 불운이면서도 불운이 아니라고 단순히 말하는 그런 것이 아니다: 우리에게 관련된 물음들은 어떤 것이 불운이며, 유감스런 발생이었는지의 여부이다. 우리는 이런 물음을 '일반적으로'나 '종국에 가서는'의 의미로 이해해야 할 것이며, 아울러 우리는 그런 어려움이 애매성이나 불확정성으로부터 귀결되지 않음도 알게 될 것이다. 여기에 우리가 즉각적으로 답변해야 할 서로 대비되는 두 가지 견해가 있다. 이런 역설적인 사태는 흥미로 울 뿐만 아니라 우리가 우리 자신이나 다른 사람들의 삶을 도덕적으로 나 비도덕적으로도 평가함에 따라 많은 기준들과 관련을 맺게 한다. 나 는 이런 생각이 나 자신의 삶의 모습을 이해하는 데 도움이 된다고 확 신해 왔다(어떤 개인적인 경험은 나에게 역설적인 것을 생각하게끔 인 도해 주기도 하는데, 그런 것은 놀라운 일이 아니다).

이런 것이 우리들이 다룰 첫 번째 역설로서 우선, 우리는 그것이 역 설에서 요청되는 그런 가정(假定)임을 밝히고 나서, 이율배반이 지니는 두 가지 측면들을 설정하는 데 시간을 할애할 것이다. 여기에는 여과기 (濾過器)를 통과하듯이, 부적절한 요소들이 축출되는 어떤 과정이 요구 되는데, 그때까지는 주어진 조건들 속에서 역설들이 있다는 것과, 그것 을 역설이게끔 하는 대립적인 주장들에서 유래하는 서로 간에 강한 끌 어당김도 있게 됨을 알게 된다.

아비게일(Abigail)과 아브라함(Abraham)의 경우를 고찰해 보자. 아 비게일은 불운의 결점들이 서로 뒤엉켜진 여자아이로 태어났다: 호흡 하는 데도 큰 어려움이 있었고, 잘 알려지지 않은 근육계통의 질병에 걸려 다리를 사용하는 데도 어려움이 있었다. 다행스럽게도 그 지역의 의사가 아비게일에게 수영을 배울 것을 권해, 아비게일은 계속해서 집 중적으로 수영을 했다. 아비게일은 수영장이 있는 곳에서도, 그리고 바 다로부터도 아주 멀리 떨어진 어떤 가난한 마을에서 살았다. 하지만, 근처에 있는 도시에 위치한 어떤 자선단체가 아바게일에 관한, 그리고 의사의 조언에 관한 소식을 듣고, 그 아이가 수영장까지 여행할 수 있 게끔 자그마한 배려를 해 주었다. 부모님이 아비게일에게 용기를 적극적으로 불어넣어 주어서, 아비게일은 수영을 배웠고, 지속적으로 수영을 했다. 수년이 지난 후에 마침내 아비게일은 호흡작용이나 다리를 사용하는 능력이 정상적으로 되었다. 그런 과정에서 수영이 아비게일의 정체성(identity)의 중심을 이루게 되었다. 아비게일은 훨씬 더 힘들여 수영을 익혔고, 수영을 통해 그의 정체성도 실현됨을 알게 되었다. 이윽고, 아비게일은 뛰어난 수영선수가 되었으며, 배영(背泳)을 할 때마다 다리들을 약간 다르게 움직이는 방법도 개발했다(그런 방법은 그녀가 초기에 겪었던 어려움에 더 적합한 것이었다). 마침내 그녀는 여러 해 동안 여자 수영에서 세계 배영 챔피언이 되었다.

아브라함은 매우 가난한 환경에서 성장했다. 매우 재능이 있었지만, 그는 가족을 부양하기 위해 어린 나이에 학교를 그만두어야 했으므로, 고등학교 교육도 이수하지 못했다. 이런 어려움들은 아브라함으로 하여금 야심가가 되게 했으며, 이런 어려움들이 그의 성격을 다른 사람들과는 달리 굳건히 해 주었다. 어려운 생활이 여러 해 동안 지속된 후, 그는 도구를 파는 자그마한 사업을 시작하게 되었으며, 거의 초인적인 근면성과 정성어린 주의력으로, 그의 사업을 전 세계에 걸쳐 확장해 나갔다. 오늘날 그는 자기 나라에서 가장 부유한 사람 가운데 한 사람이 되었으며, 그의 부유함에 만족해하고 있다.

아비게일과 아브라함의 경우들은 우리를 논쟁의 여지가 없는 것으로 안내한다. 그들에게, 그들의 생애 초기는 어려운 시절이었다: 우리가 그들의 어린 시절만을 고려한다면, 아비게일과 아브라함은 여러 가지 측면에서 많은 사람들이 겪지 않은 그런 불운에 처했었다고 할 수 있다. 이후에 그들 삶에 무슨 일이 일어났든지 간에, 초기의 고통이 그들 삶의 안 좋은 모습이었다는 것 역시 부인하기 어렵다. 아비게일과 아브라함이 사는 날까지 따라다녔을 그런 기억들을 우리가 모두 설명하지는 못할지라도, 그들에게는 고통, 수치스러움과 절망이 존재했었고, 지워지지도 않았을 것이다. 그들 모두의 삶에 결과와는 상관없이 많은 극도의 어려움과 힘든 시절이 있었다. 그들의 궁극적인 성공이 갑작스러운 행운이 아니었음도 분명하다: 그들은 불운했지만 역경을 딛고, 주로 그들 자신 스스로 성공을 이끌어 낸 사람들이다.

이런 나중의 두 요인들은 — 외견상의 불운이 심각한 해악이나 고통을 가져오며, 그것과 행운의 연결은 인위적인 것이 아니라는 사실 — 다행스런 불운을 중요한 역설로 만드는 데 도움을 준다. 첫 번째 것은 가혹하다. 어떤 남자가 다리가 부러져 병원에 실려 갔는데, 담당 의사와 사랑에 푹 빠져 그 후 그 의사와 결혼하여 행복하게 살게 된 경우를 생각해 보자. 이런 경우는 기만(欺瞞) 속에서도 축복을 받는 경우보다는 덜한 다행스런 불운이다. 다리가 부러진다는 것이 일반적으로 행운이 아닌 한, 행복이 불운으로부터 귀결된다는 견지에서의 그런 불행한 측면을 이런 경우에는 우리가 무시하는 것이 수월하다. 결국 우리가 아비게일과 아브라함의 경우에 관해 생각할 수 있는 것이 무엇이든, 그들이 처음에 겪은 어려움들을 그 남자의 부러진 다리에서와 같은 방식으로 도외시할 수는 없다. 불운의 범위와 지속은 후자의 경우에서는 그런 것들이 좀 약하지만, 전자의 경우는 그렇지 않다.

더 나아가, 병원의 경우에서는 그 인과관계가 우연적인 것에 기초한다: 그 사람이 다리가 부러지지 않았다면, 그 의사와의 만남은 무시될 수도 있는 그런 것이다. 그 사람 자신도 변모되지 않는다. 더 흥미로운 경우는 불운이라는 것이 행운과 본래적으로 연관되어 있다는 점에서이다: 불운과 행운은 동일한 삶의 역사에 속하는 비우연적인 부분이다. 아브라함과 아비게일의 경우, 행운 — 이미 불운이 주어졌다면 — 은 우연한 것이 아니다; 반면에 병원의 경우는 불운이 앞서 주어졌다 하더라도 행운은 우연적이다. 아브게일과 아브라함의 경우에서 우리는 운에 속하는 하나의 개재(介在)를 지니는데, 그것은 나쁜 일이기도 하고 좋은 일이기도 한 듯한 그런 것이다; 반대로 병원의 경우에는 우리가 운에 속하는 두 개의 개재를 지니는데, 하나는 나쁜 것(다리가 부러진 것)이고, 다른 하나는 좋은 것(의사를 만난 것)이다. 불운에 의해 형성된 아비게일이나 아브라함과 같은 경우들은 어떤 깊은 면에서 역설을 나타낸다.

흥미로운 물음은 전체적으로 보아 성공적인 삶이나 성공적인 생애가 아닌 것이거나, 삶의 다른 어떤 부분들에 관한 것이다. 하지만 설명을 위해, 나는 성공에 관해서 조건 없이 말할 것이며, 운동(수영)에서든 사업(도구를 파는 사업)에서든 아브게일과 아브라함이 이룩한 성공은 그들 각자에게 성공적이고도 행복한 삶을 부여했다고 볼 수 있다. 운동과 사업 이외에도 다행스런 불운에 속하는 상당히 많은 또 다른 예들이 있다: 예컨대, 고난에 의존하는 성공은 예술적인 경우이다; 또는 더 반성적이거나 더 예민한 사람이 되는 것처럼 성공이 도를 지나친 성취와 꼭 연관을 맺지 않는 경우도 있다.

행운과 불운이라는 일상적인 생각이 우리들을 난처하게 인도함은 분명해진다. 왜냐하면 만일 아브라함이 초기에 "불운"하지 않았더라면, 그가 나중에 성취했던 그런 성공에 이르지 못했으리라고 여기는 것이 매우 합리적이기 때문이다. 그리고 이런 사실은 아비게일의 경우도 똑같다. 아브라함과 아비게일이 원래 불운하지 않았다면 그들이 종국적으로 더 행복했으리라 여기는 것은 우리들에게 의심쩍다. 아비게일과 아브라함의 "불운"이 실제로 그들에게는 행운이었다는 것이 바로 그런 생각을 불러일으킨다.

내가 전체적으로 더 나은 상태라는 점에 동의하지 않을지라도, 당신의 경우는 전체적으로 보아 더 나은 것으로 판단할 수 있는지의 여부에 관해서는 미심쩍다. 그러나 이런 미심쩍음이 우리를 붙들어 둘 필요는 없다. 왜냐하면 아비게일과 아브라함이 아마도 인생초기에 어려움을 겪지 않았을 때보다 그들이 전체적으로 보아 더 나았다는 주장에 동의할 거라고 우리는 생각하기 때문이다. 달리 말하면, 역설에 관한 나의 논의는, 그들(아비게일과 아브라함)의 주관적인 인식은 자기의 불운이 결국에는 유익하였다는 그런 판단과 같음을 가정한다. 우리는 이것을 "주관성조건"(subjectivity condition)이라 일컬을 수 있다. 또 다른 물음은 사람들이 어떤 요인으로 인한 귀결로서 전반적으로 더 나은 상태에 이르렀다는 것에 동의할는지 여부이다. 그러나 사람들은 합리적으로는 여전히 그런 요인이 개입되지 않은, 말하자면 좀 덜 좋은 상태로 머무르는 것을 선호할 수 있다. 이런 물음은 우리와 관련된 것이 아니다. 왜냐하면 아비게일과 아브라함은 더 나은 상태에 있는 것이 행복하다고 말할 것임을 우리는 당연한 일로 생각하기 때문이다.

　우리는 그런 가정을 가볍게 여겨서는 안 된다. 다행스런 불운의 예에 속하는 듯한 많은 경우들은, 주관성조건 하에서는, 진심에서 우러난 것으로 여겨질 수 없다. 예컨대, 어떤 사람들은 만일 그들이 어린 시절을 행복하게 보냈다면, 그들의 불운에 의해 야기된 훗날의 어떠한 성공도 기꺼이 포기할 거라고 솔직하게 주장할 것이다. 또는 그들은 역경과 성공은 같은 척도로 비교할 수 없는 것이며, 서로의 비중도 가늠할 수 없다고 믿을는지도 모른다. 또는 그들의 삶과 행복에 관한 어떠한 평결이 너무나 애매하다고 믿을는지도 모른다. 그러나 다른 많은 사람들은, 고난을 많이 겪었다 할지라도, 궁극적으로는 그런 고난을 겪으며 발전했다고 말할 것이다. 아울러 불운이 없었다면 그들은 아마도 그들이 겪게 될 그런 삶을 사는 것을 택하지 못했을 거라고 말할 것이다.

그렇다면 무엇이 논전(論戰) 속에 있는가? 아주 간단히, 아비게일과 아브라함은, '그들이 어린 시절에 겪었던 역경은 너무나 확실하였으므로, 그리고 그들이 이룬 성공은 그런 역경을 극복하려는 크나큰 노력으로 얻은 것이므로, 그런 역경은 불운임에 틀림없다'고 주장할 수도 있다. 그들은 그들이 겪은 역경은 사실은 불운이 아니었다는 어떤 암시에도 반대하면서 원망조차 할는지도 모른다. 아비게일과 아브라함이 그들의 만년에 (불운 탓에) 현저한 성공을 이룩했지만, 불운했었는지의 여부가 최종적인 쟁점이며, 그것이 우리의 관심사다.

우리는 지금 거명된 아비게일과 아브라함 두 인물의 상황을 상상할 수 있으니, 그들은 초기에 그들이 겪었던 역경이 없었어도 당연히 성공했을 것이고 행복했으리라는 점이다. 그런 역경은 성공이나 행복을 성취하기 위해 필요불가결한 것은 아니라는 점이다("성공"이라는 의미는 역경들을 극복하는 것으로 구성되어 있기는 하지만, 우리는 이런 뜻으로만 우리 자신을 한정시키지는 않는다). 만일 아비게일이 장애인으로 태어나지 않았다면, 아브라함의 부모님이 아브라함이 태어났을 때 복권추첨에 당첨되었다면, 그리고 아비게일도 아브라함도 모두 보기 드문 음악적인 재능을 지닌 채 태어났다면, 아마도 그들 모두는 어린 시절에 겪었던 어떠한 역경도 없이 성공도 하고 행복하기도 했을 것이다. 우리는 이런 것이 오히려 더 나을 것임을 받아들일 수 있다. 그러나 이런 것이 역설에 큰 영향을 주는지는 분명치 않다. 왜냐하면 현실의 아비게일과 아브라함을 위해 그들이 겪은 역경은 사실 궁극적인 성공을 위한 하나의 조건이었기 때문이다. 우리는 필연성이 지닌 특성을 탐구할 필요가 없다. 다른 것들이 같다고 한다면, 그들이 역경이 없이는 성공하지도 행복스럽지도 않았으리라고 보는 것으로 족하다.[1] 그렇다면 이런 역경들이 어떻게 그들이 지닌 불운이라 여겨질 수 있는가?

잠시 아주 다른 경우에 관해 생각해 보자. 예컨대, 젤다(Zelda)를 들어 살펴보자. 그녀가 어린 시절에 '행운아'였다(그녀의 부모는 자식을 끔찍이 사랑했으며, 그녀는 부유한 집안에서 태어났고, 그녀를 위해서라면 어떠한 것이라도 사들였다)는 점이 그녀를 망쳤으며, 그녀의 야심과 그녀의 일하는 습관과 인내력을 약하게 하였다. 그녀는 쉽사리 좌절했으며, 그녀가 사는 동안 많은 것을 할 수 있는 그런 기질도 부족하게되었다. 그녀가 완전히 비참해진 것이 아니라, 많은 일들을 성실하게힘껏 잘 처리하지 않게 되었다. 그녀는 또한 아브라함과 아비게일이 누렸던 어떠한 깊은 즐거움이나 성취감도 맛보지 못했다. 젤다는 불운했다. 아마도 그녀는 아비게일과 아브라함과는 달리 진짜 불운의 희생물이었다.

일들은 심각하게 뒤틀려져 가는 듯 보일 것이다. 아마도 우리가 겪는 어려움은 우리가 이 세계에서 아비게일과 아브라함이 그들에게 주어진 불평등을 극복하는 데 비범했다는 사실을 충분히 설명할 수 없을때 시작된다. 비슷한 상황 속에 있었던 대부분의 사람들은 그런 역경이너무나 커서 굴복해 버리는데 말이다. 그것은 아비게일에게는 개인적인 승리이자, 불운에 대한 승리이며, 그런 사실은 아비게일로 하여금그녀를 생기가 없는 병약자로 내버려 두게 하지 않았다. 마치 아브라함이 획득한 승리가 평범한 것에서 이루어지지 않았듯이 말이다. 이런 사실을 부인하는 사람이면 누구나 아브라함과 아비게일을 올바로 평가하지 않는 — 또는 더 나쁘게 평가하는 — 사람인데, 그런 사람은 "자유의지와 결정론"(free will and determinism)에 관해 단순하고도 극단적인견해에 빠진 사람들이다. 바꿔 말하면, 그렇게 주장할 수도 있다.

자유의지문제는 한쪽에 제쳐놓고서, 우리들이 접하는 주된 어려움을 좀 더 명료히 해 보자. 한 방법은 아비게일과 아브라함이 다행스런 불운에 관한 어떠한 이야기도 비웃을 것이라 말하는 것일지도 모른다. 그들은 대신 아래와 같이 말할지도 모른다: "우리는 그 자체로 보아서도, 다른 사람들이 처한 것에 비유해서도 모두 다 불운한 그런 불운한 출발을 했을 뿐만 아니라, 상당히, 대부분의 사람들보다 훨씬 더 많이 어떻게 해서든 성취해야만 했다. 우리들이 이룬 것은 이중적인 승리였으니, 불운을 극복했다는 것과 꽤 많이 성취했다는 점에서 그렇다. 우리는 실제적으로는 동정을 받을 만하고, 불운했던 것 때문에 보상까지도 받을 만하다. 우리는 나중에 획득한 성공 때문에 월계관을 쓸 만하고, 그처럼 어려운 시기에 우리들이 처한 그런 것들을 이겨 냈다는 것에 대해 특히 감사할 만하다."

아비게일과 아브라함은 이런 방식으로 문제들을 다루지만 우리는 그런 것에 대해 다음과 같은 답변을 할 수도 있을 성싶다. 그들의 경우에 나중에 나타난 성공들은 초기에 있었던 역경에 단지 부수해서 일어난 것이 아니다: 전자는 후자에 의존한다. 초기의 "불운"이 없었다면, 그들이 지닌 성격들은 초기에 그랬던 것처럼 형성되지도 않았을 것이며, 그들이 이룬 성취와 그 결과로서 나타난 행복도 실현될 수 없었을 것이다. 그러므로, 초기의 고통을 부인하지 않고는, 우리는 그것을 "불운"이라고 간주할 수 없다.

하지만 이것은 확실히 언어도단이다. 고통, 두려움, 수치심, 생존을 위한 일상적인 욕구, 그런 더 다행스런 것들에서 정선된 생각, 무력감에 관해선 어떤가? 여러분들이 찢어질 듯한 가난 속에서 어린 시절을 보냈다는 것, 배움의 기회와 재능을 계발하는 것을 자제해야 했다는 것, 생계를 겨우 이어 나가기 위해 수년 동안 몸부림쳐야 했다는 것이 불운이 아니라고 내가 주장하는 중인가? 나는 짧은 시절이 아니라 여러 해 동안 어린 시절에 정상적으로 호흡을 할 수 없었고, 거의 걷기도 힘들었던 것이 불운이라는 점을 부인하고 있는가? 일반적으로 이런 것들이 불운임을 부인하는 것은 매우 받아들이기 어려운 일이며, 매정스런 일이기도 하다.

하지만, 수수께끼는 남아 있다. 아마도 우리는 그와 같은 역경이 대부분의 사람들에게는 불운일지 몰라도, 아비게일과 아브라함을 위해서는 불운이 아니었다고 말해야 한다. 또는 차라리 아비게일과 아브라함이 이런 잠재적인 불운을 불운이 아닌 것으로, 또는 — 망설여지기는 하지만 — 아마도 좋은 행운으로 어떻게 해서든지 바꾸기 위해 노력해 왔음을 말해야 한다. 그들이 처했던 어린 시절의 환경은 자기계발을 위한 빈약한 기회를 아비게일과 아브라함에게 부여했으며, 그런 기회가 사실상 그들을 계발하기 위한 촉매로 입증되었다. 이런 견지에서 어떤 것이 불운인지의 여부는 그 자체로는 결정될 수 없다. 아비게일의 경우처럼 겉으로는 분명한 듯이 여겨지는 것도 말이다. 일은 사람들이 하려는 것에 의존하며, 하려는 것이 사람을 그렇게 만든다. 요컨대, 일이란 나중에 나타나는 것에 의존한다. 만일 이런 "불운"이 아비게일과 아브라함이 이룩하고 그로 말미암아 자랑스러워했던 성공과 행복을 위해 결정적인 역할을 했다면, 그들은 동정이나 보상을 받았을 수도 있기 때문에 그들이 불운을 겪었다고 주장할 수는 없다. 이런 견지에서, 불운은 전적으로 보상될 수 있으며, 궁극적으로 이익이 되는 결과들로 메워질 수 있다.

이런 것은 그럴듯한 견해인가? 역설이 지닌 경향은 좀처럼 사라지지 않는다. 우리는 실제로는 아브라함과 아비게일이, 내가 기술했듯이 어린 시절에, 불운으로 고통을 받지 않은 것으로 이해할 수 있는가? 우리가 이런 사건들이 불운이라고 분명하게(어떤 끔직스런 사건들이 발생했을 때) 말할 수 있을 때란, "불운"이라는 평가가 실제로는 나중에 나타난 것에 전적으로 의존하는가? 누가 자기 자식을 위해서일지라도 훗날 무슨 일이 생기든지 간에 그런 어린 시절을 불운으로 여기지 않을 것인가? 더욱이 불운이라는 것은 대단하면서도 이례적인 노력을 통해 극복되므로, 없어야 할 그런 것인가?

그러나 그렇다면 "불운이 아님"을 옹호하는 생각들은 다시 한 번 다음과 같은 것으로 되돌아가게 된다: 아비게일과 아브라함이 누가 보아도 분명한 그런 불운에 직면하게 되는 한, 이런 것은 거의 그들을 위해선 불운이 아닌 것으로 여겨질 수 없다. 유사한 상황들이 다른 사람들에게도 전형적으로 나타나는 것처럼 말이다. 그렇다. 그들은 절망적으로 불행하다 — 그러나 결과적으로 그들은 그렇게 되지 않았을 때보다 불운을 통해 훨씬 더 행복하게 되었다. 그렇다. 그들은 자연이나 사회의 매정한 기세(氣勢)에 의해 거의 압도당했다. — 그러나 결과적으로 성공한 사람들이 되었으며, 이례적으로 그들 자신의 운명에 대해 유능한 주인이 되었다. 우리는 아비게일과 아브라함에게 유익했던 것을 이해하기 위해, 고통당하는 고귀한 사람들에 관해 도스토예프스키(Dostoevsky)나 니체(Nietzsche)가 말한 것을 따를 필요까지는 없다. 그들의 삶은 더 나아져 갔다.

논증이나 직관들의 동향은 제각각이다. 어떤 사람들은 그들이 불운했으면서도 불운하지 않았다고 주장하기를 원하는 듯하다.

그래서 아마도 우리는 역설적인 이율배반을 인정하고 그것과 함께 남을 필요가 있다. 그리고 그것은 어떤 다른 알려진 결론보다도 더 깊고 강한 것이다. 그런 것이 옹호될 수 있는 처지다. 내 자신의 견해는, 대체로, 아비게일과 아브라함이 불운했다는 것을 부인한다. 분명히 그들이 고통을 당했다 하더라도, 이런 것이 그들을 위해 정말로 불운이지는 않았다. 하지만 아브라함과 아비게일과 같은 사람들이 불행하지 않았다고 하는 생각은(또는 그들이 행복했다고 하는 것은), 비록 참이라 할지라도 역설적인 것으로 남아 있게 된다. 일단 우리가 역설이라는 영역에 들어가게 되면, 어떤 해결(이율배반에 관한 올바른 선택)도 역설에 속하는 모든 것을 떨쳐버리지는 못한다. 아마도 이것이 역설이 지닌 진정한 모습인 듯하다.

더 나아가 역설적인 뒤틀림이 여기에 있다: 크나큰 노력과 희생을 통해 성공을 하게 됨에, 어떤 사람들은 그 결과로서, 노력을 하지 않아 실패로 귀결된 그런 사람들에게 주어질 수도 있을 동정심과 같은 보상을 잃게 된다: 전자와 같은 사람들은 극복을 통해 어떤 이익을 포기하는 것이다. 만일 여러분들이 불행을 극복한다면, 그것은 실제로는 불행이 아니라고 말하는 것이 역설적인 듯하지만, 이것이 옳은 견해임도 당연하다.

우리들 가운데 상당수는 역경을 겪어 왔다. 아마도 아비게일과 아브라함이 겪었던 역경들보다는 덜한 역경들이기는 하지만 말이다. 우리는 그런 역경들을 통해 이익을 보기도 했다. 나쁜 운인 것으로 여겨졌던 것이 흔히 우리들을 더 강하게, 인생을 더 감사하면서 살 수 있게, 더 성숙하게, 더 현명하게, 더 인정(人情)이 있게 하면서, 가끔 좋은 결과를 가져오는 것으로 드러나기도 한다고 말하는 것은 역설적인 듯하다. 만일 내가 말해 온 것이 확실하다면, 우리는 일반적으로 이런 역경들을 불운으로 간주해서는 안 된다. 궁극적으로는 득(得)이 될 수도 있을 그런 역경들을 언제나 적극적으로 추구해야 한다는 것은 아니다. 그러나 만일 그런 역경들이 나타난다면, 어떤 경우에는 전체적인 결합(역경 + 성공)이 성공을 위해 필요하다는 것을 유감스럽게 생각함과 동시에 나타날 결과를 환영하는 한에서는, 우리는 그런 역경에 대해 쉽게 투덜거릴 순 없다.

하나의 성가신 생각들이 남아 있다. 아비게일과 아브라함의 삶 가운데 상당수는 궁극적으로 나쁜 것이 아니었다. 그러나 마음을 짓누르는 역경에 직면해서, 그것을 "나쁜 것이 아닌 것"으로 만든 이들이 바로 그들이었다. 그리고 그들은 나중에 오는 성공을 기대하면서 그 답례로 어느 정도의 역경을 감수하려고 선택하지도 않았다: 그들은 역경 속에 던져졌거나 빠져서, 그들이 할 수 있는 한 최대한 발버둥쳐야 하도록 남겨졌다. 그들은 이런 모든 것을 감수해야 하기 때문에 우리들의 동정을 받을 가치가 없는가? 어떤 것은 옳다. 하지만 그와 같은 옳음은 우리가 내린 이전의 결론을 실질적으로 변화시키지는 못한다. 그들은 물론, 고통이나 수치심, 그리고 그들이 어린 시절에 겪었던 두려움 때문에 동정을 받을 만도 하다. 아비게일과 아브라함이 편안한 삶이 아니라 성공적인 삶을 살았다는 것 또한 동정을 살 만하다 — 그것은 불행스런 일이다 — 그러나 그들이 큰 역경과 잠재적인 불행이라는 상황을 극복한 것에 대해 사람들의 동정과 감사를 받을 만한 가치가 있다고는 하나, 초기의 역경을 극복했다는 견지에서, 불행한 사람들은 흔히 동정을 받아야 한다는 견지에서, 아비게일과 아브라함이 동정을 받아야 한다는 것은 명료하지 않다. 그런 초기의 역경이 없었다면, 아비게일과 아브라함은 더 상태가 좋아지지 않았을 것이다. 마침내, 이런 역경은 그들을 위해서는 불행스런 것이 아니었다.

　우리는 이런 점을 유대계 이탈리아 작가인 프리모 레비(Primo Levi)가 남긴 말에서 엿볼 수 있는데, 그는 이차 대전 때 아우슈비츠의 공포를 겪었던 사람이기도 한다. 그는 그의 개인적인 경험을 바탕으로 펴내어 인기를 끈 책인 『이것이 인간인가』(If This is a Man)의 후기에서 아래와 같이 서술하였다.

반대로, 국외로 추방됨으로써 나의 간략하고 비극적인 경험 위에 작가이면
서 목격자의 훨씬 길고도 복잡한 경험이 더해졌다. 총체적인 것은 분명히 긍
정적인 것이었으며, 이런 과거는 나를 더욱 풍부하고 확실하게 하였다.(Levi
1987: 397~8)

다행스런 불운은 특정 개인에게뿐만 아니라 집단적인 수준에서도 발생
한다. 네덜란드의 경우가 그 한 예가 되는데, 해수의 침식 덕분에 네덜
란드는 유명한 국가적인 특성과 독창성을 갖게 되었다. 집단이 지니는
다행스런 불운에 관해 말하는 것은 집단적인 힘과 책임과 같은 또 다른
쟁점을 제기한다. 사실상 명백히 불운인 것으로부터 고통을 당하는 사
람들에 관해, 그리고 마침내는 덕을 보게 되는 사람들에 관해 면밀하게
고찰하는 것은 물론 필요하다. 만일 어떤 경우가 다행스런 불운이라는
표제어 아래 언급된다면 말이다. 어떤 사람의 불행이 다른 사람의 행운
에 이바지한다는 것에 관해서는 어떠한 철학적인 혼란도 없다.

　체제상 차별대우를 받는 집단의 구성원으로 성장해 온, 그러나 그
결과 더 쾌활하고 더 많이 동기부여가 된 사람들의 경험은 너무나 잘
알려져 있다. 다행스런 불운이라는 개념은 우리가 그런 경험들을 이해
하려 할 때 그런 개념의 중심을 이룰 수 있다. 그러나 불운으로부터 귀
결되는 행운에 관한 윤리적인 관련성은 무엇인가? 어떤 면에서는 귀결
되는 좋은 행운은 아무런 관련성이 없다. 확실히 인종차별주의자들이
남에게 의도적으로 가한 해로운 일들은 문젯거리가 된다. 그리고 사람
들이 견뎌내야 할 나쁜 감정과 사람들에게 편파적인 장애물들을 만들
어 낸 것도 그렇다. 이런 것은 인종차별주의로 희생당한 사람들을 위해
사죄와 더불어 보상까지도 해야 할 의무가 있는 그런 필요성을 만들어
낸다. 그럼에도 다행스런 불운에 관한 호기심을 돋우는 쟁점이 여기서

는 적어도 두 가지 측면에서 관련이 있다. 첫째, 그 쟁점은, 마지막에는, 자기들(인종차별주의자들)이 원했던 유형에 관해 해를 야기하지 않았던 인종차별주의자들에게 어떤 "도덕적인 행운"을 조장한다는 점에서다. (이런 논제에 관해 중심이 되는 기고를 모아 놓은 책으로는 스탯먼(Statman)이 1993년에 펴낸 책이 있다. 다행스런 불운과 도덕적인 행운을 비교한 것은 결실이 많은 것일 수 있지만, 나는 여기서 그것을 취급하지 않겠다.) 둘째, 다행스런 불운은 무엇이 피해자의 상태로 만드는지에 관해 우리들의 견해를 아주 복잡하게 한다.

집합적인 수준에서의 다행스런 불운이나, "불행스런 행운"(젤다의 경우와 같은)에 관한 생각이나, 다행스런 불운의 경우에서 숙명, 운수, 선택, 노력의 역할에 관한 상세화된 탐구는 각각 별도의 토론을 필요로 한다. 유사하게 요구되는 것은 다행스런 불운이라는 역설에 속하는 여러 가지 가능한 역설적인 추론을 탐구하는 일일 것이다: 사회적 평등화에 속하는 쟁점이 밝히려는 방법(아비게일과 아브라함은 젤다에게 보상을 해야 하는가, 누가 훨씬 더 나쁜가?)을 예로 들 수 있다. 또는, 달리, 만일 다른 사람을 해롭게 하려는 어떤 사람의 노력이 실제로는 다른 사람에게 다행스런 불운이 되는 것으로 입증된다면, 후회나 용서와 같은 태도도 변형되는 것이 당연하다. 그러나 나는 여기서 그런 문제들을 다루지 않을 것이다.

우리 모두는 사건들이 발생하는 대로나 그 후의 일로 그런 사건들의 의의를 평가하는 일이 매우 어려움을 안다. 특히 전 생애 동안 그런 사건들이 지니는 의의를 평가하는 일은 어렵다. 명백히 다행스런 불운에 속하는 사건들은 특히 이런 일반적인 논제에 속하는 극단적인 예들이다. 왜냐하면 다행스런 불운에서 어떤 것은 명백히 가차 없이 불운인 것으로 발생했지만, 결국에는 행운으로 귀결되기 때문이다. 이런 것에서 우리는 무엇을 알 수 있는가? 나는 이런 역설의 근저에 놓여 있는 이율배반에 속하는 어쩌면 반직관적인 "해법"을 주장해 왔다: 다행스런 불운에 속하는 예들에서는, 명백히 불운인 듯이 보이는 것이 실제로도 그렇게 생각될 수 있는지 여부가 의심스러워진다. 그러나 이런 해법이 철학적으로 만족스러움을 우리가 안다 할지라도, 다소의 불합리성은 여전히 남는다. 아브라함과 아비게일과 같은 사람들이 그들이 불행했음을 부인함으로써, 그들이 불행했는지의 여부에 관한 역설적인 이율배반을 우리가 해결하려 한다 할지라도, 우리들이 얻은 결과는 여전히 역설인 채로 남아 있다.

· · · · · · · · · 주 · · · · · · · · ·

1. 어떤 사람은 사람이란 현재의 그가 되게끔 만든 조건들에 관해 불평할 수 없다고 주장하는지도 모른다. 만일 그런 조건들이 없었다면, 현재의 그가 아닐 것이기 때문이다. 여러분들은 불행스러워 보이는 것 때문에 고통스러워할지도 모르지만, 이런 불행이 여러분들을 현재의 여러분들로 만들었다. 그런 불행이 없었다면, 여러분들은 불평하지도 않을 것이다. 이런 논증은 다행스런 불운과 다른 종류의 불행 사이를 구분짓지 못하며, 특별히 우리를 위해 어떤 문제를 창조하지도 않는다(Pafit 1984를 참조할 것). 그런 처지에는 다양한 어려움이 있지만, 나는 여기서 이런 복잡한 논제를 취급할 수 없다. 분명한 것은 많은 다행스런 불운이 이런 논제 하에 들어오지 못한다는 점이다. 다시 말해, 인간의 정체성을 급진적으로 변화시키지 않는 행운은 불운이어서, 우리는 그런 사람은 존재하지 않는다고 말할 수

도 있을 것이다. 우리는 "정체성"(또는 "비정체성") 문제를 일괄하여 다루면서, 다행스런 불운에 관해 이야기해야 할 것이다. 나는 여기서 자아에 관한 주로 통일되고 안정된 개념을 가정한다. 나는 또한 이런 토론의 맥락에서, 과거, 현재, 미래에 있어 선호(選好)에 관한 어떤 사람의 판단에서 변화로부터 발생하는 복잡성들을 무시한다. 명백히, 우리들의 견해는 생의 초기보다는 생의 말기에 그런 불행이 찾아온다면 달라질 수도 있다(예컨대, Velleman 2000을 참조할 것). 그러나 어떤 경우에서든 다행스런 불운이 사람들의 과거인 것일 필요는 없다: 예컨대, 어떤 사람은 전반적으로는 나아져 가고 있기는 하지만 지속적인 불구(귀머거리와 같은)로 고통을 받을 수도 있다.

2 유익한 퇴임의 역설

The Paradox of Beneficial Retirement

어떤 신사가 퇴임에 관해 말했다. 존슨은 "결코 그것에 관해 생각하지 마시오"라고 말했다. 그 신사는 "나는 그렇다면 병들지 말아야 할 것이요"라고 주장했다. 그러자 존슨은 "그것도 좋은 일이 아니요. 신사 분, 그것은 하나의 공적인 자살이 될 것입니다"라고 말했다.

사무엘 존슨, 보스웰의 『존슨의 삶Life of Johnson』에서 인용

도덕적으로, 사람들은 언제 그들의 직업에서 퇴임해야(또는 그만두어야) 하는가? 이런 질문에 대한 답변은 아마도 "당장에"일지도 모른다. 일단의 조건들이 충족되기만 한다면, 이런 극단적인 결론이 직업이나 일들에 종사하는 대부분의 사람들에게 적용될 수 있을지 모른다. 역설은 개인적인 수준에서 드러나지만, 그 출현은 너무나 널리 퍼지는 듯하다는 사실이 그것이 지닌 중요성을 증대시킨다.

　X라는 사람은 큰 병원의 의사이고, Y는 형사이고, Z는 대학교수다. 그들은 각자의 직업들에서 특별히 유능하지도, 모범적이지도 않다. 그들이 그들의 직장에서 상위로부터 80퍼센트(다시 말해, 하위 20퍼센트)수준에 머무르고 있다고 상정해 보자(그들은 그들의 동료들 가운데 20퍼센트보다는 우수하지만, 80퍼센트 수준보다는 못하다). 더욱이,

그들은 게으름이나, 쉽게 통제할 수 있는 어떤 다른 요인들 때문에 그런 수준에 머무르는 것이 아니라고 가정해 보자: 비록 그들이 더 열심히 일을 하더라도 그들은 더 나아질 수 없다고 가정해 보자. 수년간에 걸쳐, 그들과 더불어 또는 그들을 위해 일해 온 사람들에게는 그들이 의사로서, 형사로서, 학교에서 그렇게 재능이 있거나 유능하지 않다는 것이 분명해졌다. 비록 그들이 여전히 최하수준보다는 상위에 있으며, 그들보다 못한 사람들은 직장에서 퇴출되었다 할지라도 말이다. 마침내 우리는 아래와 같은 조건들을 접하게 된다고 가정해 보자:

1. 그들의 직업을 원하는 잠재적인 후보자들이 많다.
2. 그들의 직업을 원하는 새로운 지원자들은, 그동안 그런 직업에 종사해 왔던 사람들보다 못한 사람들이 아니다(또는 새로운 지원자들은 오래지 않은 적응기간 후에는 그들보다 더 못한 것으로 여겨지지 않을 것이다).
3. X, Y, Z는 이례적인 역경(규범과 관련된)에 시달리지 않고 퇴임해 버리거나, 퇴임하고 싶은 다른 어떤 것을 찾을 수 있다.
4. 어떤 다른 이례적인 조건들도 적용되지 않는다(예컨대, X, Y, Z는, 만일 그들이 현재의 직장을 떠나려 한다면, 그들이 새롭게 택할 역할에서는 더 나빠지게 되는 경우가 아니라 하자; 또는 X, Y, Z가 직장에 몸담고 있다면, 그 직장에 지원하지 않으려는 사람들이 다른 직업에서는 일들을 잘 수행하게 되는 그런 경우가 아니라 하자). 그리고 솔직히 부수적인 효과들이 한결같이 않다거나, 상대적으로 중요하지 않다면, 그것으로 말미암아 그들은 해고될 수 있다. 그러므로 우리는 그런 직업에 종사하려는 사람들에게 제공되는 잠재적인 이익을 제외하고, 관련된 모든 숙고를 일괄적으로 다룰 것이다.[1]

X, Y, Z가 하는 일들은 심각할 정도로 부정적인 결과들을 지닌다: 의사는 완치될 수도 있는 많은 환자들을 오진했다; 형사는 끔찍한 죄를 범한 많은 사람들을 체포하지 못했다; 그리고 대학에 몸담고 있는 교수는 연구에 거의 진척을 이루지 못했으며, 학생들을 가르치고 감독하는 데 미숙했다. 우리는 일들이 잘되어 가는 경우들을 고려하고 있다(변변치 못한 근로자들은 더 나은 근로자들로 대체될 수도 있지만, 아마도 퇴임해서는 안 된다). 우리는 또한 경제력만으로는 최적의 효과를 낼 수 없는 경우들에도 관심이 있다. 기본적인 조건들이 주어지면, X, Y, Z가 그들의 일자리를 잃는다면, 그들보다 더 일을 잘할 다른 사람들이 그들이 하는 일을 대체할 것 같다. 사실상, 통계적으로 보면, 더 유능한 사람들이 일처리가 서투른 사람들을 대체할 가능성은 대체로 4:1이다. 그러므로 만일 그런 서투른 사람들이 퇴임하고, 더 유능한 사람들이 계속해서 그런 일에 종사하게 되면, 병원에서 환자들은 더욱 건강해질 것이고, 사회에서 범죄는 줄어들 것이며, 대학에서 연구와 전문적인 훈련은 증진될 것이다(표 2.1 참조).

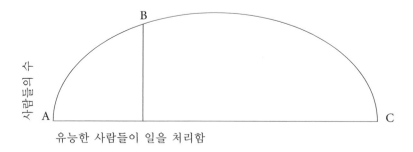

표 2.1 만일 직업에서 가장 서투른 집단에 속하는 어떤 사람이(A와 B 사이) 전체 집단(A와 C 사이)에 속하는 어떤 사람으로 대체된다면, 그런 대체가 더 잘될 가능성이 돋보인다.

위의 논증은 비교적 무능한 사람들이 지니는 유해성에 기초하지 않음을 이해하는 일이 중요하다: 예컨대, 만일 X (의사)가 계속해서 그의 일을 한다면, 이것은 문제를 증대시킨다. 유해한 직업인들이 직장을 잃음으로 해서 생기는 도덕적 의무에 관한 역설은 없을 것이다. 역설은 아래와 같은 기본적인 조건들을 마주하는 경우에만 발생하는데 곧, 의사가 생산적이기는 하지만, 그 의사를 대체하는 것이 훨씬 더 나은 상태이기 쉬운 그런 경우에서만 말이다.

나는 퇴직 때문에 빚어지는 재정적인 비용들을 잊고 있는지도 모른다. 경제적인 전망은 여러 가지 많은 복합요인에 의존하지만, 그런 전망은 대비되는 방면에서 지적되어야 할 것이다: 신입사원들은 낮은 봉급수준에서 고용될 수 있으므로, 실제적으로 기업체를 위해 돈을 절약하게 해 준다. 하지만 나의 논증은 재정적인 고려에 바탕을 두지 않는다. 좀 더 넓게 말하자면, 그런 논증이 사회정책을 바꾸기 위한 제안으로 만들어질 수 있는 한("우선 하위 10퍼센트에 해당하는 사람들을 퇴직시키고 그들의 자리를 다른 사람들로 대체시킨다…"), 나는 여기서 그들 자신의 개별적인 고려와 관련된 전망에 그 초점을 맞추고 있다. 우리는 조직화라는 관점에서가 아니라(말하자면 사람들이 그들의 직장에서 정년 보장을 받아야만 하는지에 관해 물으면서), 개인의 처지에서 지속적인 출근이 다른 사람에게 미치는 영향을 검토하고 있다. 사람들로 하여금 그들이 직장을 그만두어야 할지 말지를 결정하는 데 도움을 줄 수 있는 어떤 검사(檢查)가 고안될 수도 있다. 나는 그런 검사를 존재검사(the Existential Test)라 부른다: 만일 내가 그곳에 없다면 어떤 일들이 일어날 것인가?

만일 사람들이 이 검사를 그들 자신에게 적용시켜 본다면, 적어도 그들 가운데 반은 퇴직해야 한다는 놀라운 결론에 이르게 될 것이다.

어떤 직업에서, 새로운 지원자가 부족한 것이 아니라 반대로, 많은 사람들이 그런 직업을 택하려고 기다리는 중이라 하자. (평균적으로, 누가 그런 직업에 종사하는 사람들보다 비슷하거나 더 나은가?) 현재 고용된 사람들 가운데 반은 평균 아래이므로, 직업을 잃은 사람들 모두가 그 일로 심한 고통을 겪게 되지는 않을 것이다. (그들의 고통은 그들이 퇴직하지 않으면 직업을 얻지 못할 신입사원들이 겪는 고통과 비교될 수 있다.); 다른 결과들이나 고려는 그리 의의가 있지 않을 것이다. 사람들 가운데 반은 그런 신입사원들을 위해 그들의 직업을 포기해야 함을 고려해야 한다.

현재 직업이 있는 사람들에 관한 인식론적인 명료성이 여기서는 당연한 일로 여겨진다. 바로 그런 사람들도 직업을 잃게 될 사람들 속에 처할 수 있음을 알도록 하기 위해서다. 만일 이런 물음에 관해 생각하게 된다면, 그들이 대부분의 다른 동료들을 자기들보다 더 유능하고 생산적이라고 평가할 때, 자기들은 그들에 비해 일을 잘하지 못했음을 깨닫지 못할 것 같지는 않다. 무능한 직장인들은 그런 사실들에 눈이 멀었다 할지라도, 그런 사실들이 그들 이외의 다른 사람들에게는 분명해야만, 다른 사람들이 무능한 사람들에게 그런 것들에 관해 말할 수 있다. 상황이 덜 역설적인 것으로 되려면, 우리들은 명료성을 생각해야 한다. 상위 50퍼센트 안에서 일을 잘하는 많은 사람들도 그들이 이런 범위에 들지 않을지에 관한 일로 걱정해야 할 필요가 있다. 그래서 나는 명료하게 생각하는 것과 인식적인 요인들을 일정하게 유지하는 것이 최상이라 생각한다.

나는 여기서 제시한 일단의 방법들에서 나의 생각이 보수적이었음을 강조한다. 우선, 어떤 직업에서, 신입사원들은 전문성에서 최신식이라는 것과 같은 이유들로 해서, 대개 일을 잘할 것 같다고 주장할 수 있지만, 나는 그런 것들에 관해 설명을 해 오지 않았다. 둘째, 나는 직업을 택하려는 사람들 가운데, 결국 누가 더 나은지 확실히 알지는 못하는 것처럼 논증을 구성했다. 그런데 걱정할 필요가 있는 사람들은 하위 50퍼센트 정도 이내에 속하는 사람들이다. 상위 50퍼센트 이내에 속하는 사람들은 그들이 더 나은 사람들로 대체될 수 있듯이 통계적으로는 여하튼 그들보다 못한 사람들로 대체될 수도 있지만, 하위 50퍼센트 이내에 속하는 사람들보다는 대체 위험이 적다. 우리가 그런 어떤 관련된 확률적인 지식을 지니게 되면, 그리고 사회의 실력자들을 고용하는 관습이 곳곳에 있다면, 현재 직업을 가진 사람 중 유능하지 못한 사람은 좀 더 나은 누군가가 그들을 대체할 거라고 더욱 확신하게 된다. 이 점은 "퇴임선호" 논증이란, 그들 직업에서 상위 50퍼센트 내에 있는 사람들 가운데 일부에게만 적용될 수 있음을 뜻한다! 만약 누군가 훨씬 아래 등급에 위치한다면, 그가 그만둔다는 조건에서, 승진에 대한 확신은 훨씬 더 커지게 된다. 셋째, 그 논증은 유사한 다른 사람들의 행위에 독립적으로 작용하도록 되어 있다. 하지만 만일 어떤 사람이 자기보다 더 우수한 사람들에 의한 대체를 위해서는 사직할 것 같다는 믿음을 갖고 있다면, 그리고 그 자신이 10년 동안 평균보다 못한 직장생활을 해 온 것으로 밝혀진다면, 이런 것은 그 사람을 퇴직하게끔 하는 힘을 강화시킬 것이다. 넷째, 나는 직업을 가지려고 기다리는 지원자들이 제시하는 더 당연한 가치에 관한 어떠한 요구들에 대해서도 별도의 중요성을 부여하지 않았다. 그렇게 고안된 논증이란 직업을 구하는 사람들에 관계되는 비교적 좋거나 나쁜 것에만 그 초점이 맞춰지기 때문이다.

확실히, 대비되는 방향으로 작용하는, 그리고 "퇴임선호" 논증이 적용될 그런 사람들의 수를 제한하는 요인들도 있을 수 있다. 어떤 직업에서, 그리고 몇몇 상황 속에서는, 이런 요인들이 상당한 영향을 미칠 수 있다. 나의 "50퍼센트 논증"은 단지 그런 논지를 강조하는 방법이며, 불가피하게 도식적이다. 문제시되는 것은 역설이며, 아주 많은 사람들에게 관련되어 있는 것 같다.

우리는 다음의 두 가지 진술들을 서로 대비시킴으로써 그런 역설을 이해할 수 있다.

1. 개인적인 노력에 의해, 직업교육을 받은 사람이 사회적으로 유용한 일에 더 잘 고용되는지, 그리고 계속해서 열심히 일하는지 여부와 관련된 도덕적인 문제는 발생하지 않는다.
2. 긍정적이고, 생산적이고, 열심히 일하는 상당수의 사람들은 그들의 직장을 잃어야만 한다.

그런 어려움을 파악하는 또 다른 방법은 다음과 같은 것이다: X나 Y나 Z는, 사람이란 일하기를 좋아하며, 돈을 벌 필요가 있으며, 다른 사람들이 그들에게 의존한다고 느끼길 원하며, 무엇을 할지를 사람들에게 말하기를 좋아하므로 등등의 이유로 일하려 한다고 말할 수도 있다. 하지만, 기본적인 조건들과 명료성이 주어진다면, 많은(그리고 가능한 대부분의) 사람들은 현명하게 그리고 지속적으로 다음과 같은 2가지를 모두 진술할 수 없다.

1. 나는 사람들이 더 건강해지기를/도회지 거리가 더 안전해지기를/지식이 증진되기를 원하기 때문에, 의사/형사/교원이다; 그리고
2. 나는 지금의 나의 일을 계속해서 수행하려 한다.

우리는 연령차별 곧, 늙은이를 반대하고 젊은이들을 좋아하는 그런

차별이라는 측면에서 일을 계속하고 있다고 생각할 수도 있다. 이것은 역설에 반대하는 것이라기보다는 오히려 어떤 것을 더 성가시게 하는 그런 것일 수도 있다. 그러나 나의 논증에 속하는 논리는 우수하지 못한 중년의사나 대학교수의 경우는 다른 사람이 그런 일을 할 수 있도록 자기의 직장에서 물러나야 함이 당연하다는 점이다. 그런데 여기서 말하는 다른 사람들이란 퇴직할 때가 다가오고 있지만 성취한 것이 훨씬 더 많고, 유용한 경험도 축적하고 있는 그런 사람들이다. 그런 논증은 관련된 사람들 간의 비교에 의한 기여에 기초하지, 나이라는 요인에 반드시 근거하지는 않는다. 만일 많은 젊은이들이 그들의 현재 직업을 잃게 된다면 그런 일은 경제적인 역경을 만들어 낼 수 있지만, 나의 요점은 X, Y, Z와 같은 사람들이 일을 하지 말아야 한다는 것이 아니라, 그들이 그들의 현위치에서나 유사한 조건들이 적용되는 그런 곳들에서 자기들 식으로 더 이상 하지 말아야 한다는 점이다.

그런 논증은 또한 맥이 풀리고 해로울 가능성이 있으며, 추구되어서는 안 되는 것으로 주장될 수도 있다. 거의 모든 사람들이 그들 자신의 직업적인 가치를 정확성을 벗어나 그 이상으로 높이 평가한다는 사회-심리학적인 증거가 있다(그들은 또한 다른 사람들이 그들을 생각하는 방식, 그들의 추진력, 그리고 자기-평가 문제와 같은 거의 모든 다른 것을 평가한다 — 예컨대, Goleman 1985 ; Taylor 1989를 참조할 것). 그러나 이것도 "유익한 퇴임의 역설"에 관해 이어지는 무지처럼 있는 그대로 남겨두는 것이 아마도 더 나을 것이다. 토마스 네이글(Thomas Nagel)은 상세히 설명하거나 들춰내는 것에 반대하는 경우를 시도했는데, 나는 다른 맥락에서(Smilansky 2000), "적극적인 착각"(positive illusions)에 관해 생각해 보는 이유를 살폈다. 하지만 여기에서 그런 의문들은 우리의 관심거리가 아니다. 지금의 경우에는, 아는 것이 도움이 되면서도 방해가 될 수 있으니, 우리는 그런 균형을 평가하려 하지 않는다. 우리는 역설적이면서 철학적인 요구를 지니는데, 그것에 관해 침묵하는 편이 더 낫다고 종종 여겨질지라도, 이런 것이 앞에서 제기한 그런 주장이 지닌 진실이나 허위에 영향을 주지는 않을 것이다.

마지막으로 나의 요구는 너무나 도덕적인 요구라고 생각할 수도 있다. 그들(의사, 형사, 교수)보다 훨씬 더 못한 20퍼센트의 동료들이 그들의 직장에 남아 있는데도, 의사, 형사, 대학교수들은 그들이 견고하게 지켜 온 지위를 왜 포기해야 하는가? 더욱이, 그런 사람들(20퍼센트의 동료들)은 현재의 지위를 얻기 위해 수년간에 걸친 훈련도 받지 않고, 노력이나 희망도 갖지 않았으므로, 이런 모든 것을 포기하는 일을 그들은 예측할 수도 없는가? 결국, 우리는, 다른 상황에서는, 보통 그런 희생을 요구하지 않는다. "퇴임선호" 논증은 사람들로 하여금 다른 사람들이나 다른 사건들에 관해 결정을 내리도록 하는 그런 담보가능성이 있음도 주목하라. 이런 일에 관한 흥미로운 예는 1990년대에 이스라엘에서 발생했다. 유대인들이 소비에트 연방을 떠나는 것이 허용되자마자, 100만 명이 넘는 사람들이 이스라엘로 이민을 갔으며, 전체 인구가 거의 20퍼센트까지 증가되었다. 새로이 이민을 온 사람들 가운데는 어울리지 않게 의사, 기술자와 그런 유형의 전문적인 사람들이 많이 있었다. 이런 경우에는 그런 직업을 찾는 새로운 잠재적인 신청자들 때문에, 오랫동안에 걸쳐 그런 직업에 종사했던 시민들이 그들의 지위를 자동적으로 포기하도록 요청받아야 하는가?

모든 것을 고려했지만, 의사, 형사, 대학교수와 같은 사람들이 그들의 직업을 버려야 하는지 여부는 복잡해서, 우리는 그 문제를 여기서 해결할 수 없다. 우리는 사람들을 위해, 사람들의 욕구나 이해관계와 비교하면서 도덕적인 고려가 얼마나 중요한지 결정할 필요가 있다. 우리는 다양한 규범적-이론적인 전망으로부터 "퇴임문제"를 고려할 필요도 있을 것이다. 만일 X, Y, Z가 공리주의자들처럼 행위한다면(전체적인 행복의 극대화를 추구하는 처지이지만, 이런 처지는 본래 각각의 행위에 관계하면서 평가되어야 함을 주장한다) 문제는 간단하며, 그들은 그들의 직장을 그만두어야 한다. 왜냐하면 그렇게 하는 것이 전체의 이익을 증진시킬 것이기 때문이다. 덕(德)에 초점을 맞춘 건전한 윤리적 접근도 그런 조치에 힘을 부여할 수 있다: 직업과 관련된 덕은 사람들이 이룬 직업상의 성취에 대해 비판적인 평가를 요구할 성싶으며, 무엇보다도 그럼에도 직장에 계속 남아 있기로 결정한 사람으로 말미암은 희생자들에 대해 생각하는 듯하다(예컨대, 죽은 환자나 범죄로 인한 희생자). 명령과 강요(의무론)에서 유래하는 도덕성에 따른 어떤 해석이나, 사람들 사이에 어떤 계약에 의한 도덕적 사고방식에 따른 해석도, 그런 급진적인 결론으로 이어지는 데 호의적이다.

하지만 나의 주장은 아직은 이 세상에서 좀 더 나은 선을 행하기 위해, 말하자면, 상당한 금액을 기부하거나 자원봉사자로 일한다거나 하는 것처럼 다른 공리주의자들이 요구하는 그런 것은 아니라는 점을 주목하는 일이 중요하다. "유익한 퇴임의 역설"은 사람의 '성실성'에 관한 관심이나, '삶의 계획'을 추진하는 능력과 같은 비공리주의적인 논제들을 취급한다(예컨대, 건강이나 안전이나 교육에 관심을 두는 사람들처럼 말이다). 이런 역설도 선을 행한다는 생각에서는 벗어나 있는데, 좋은 뜻에서 열심히 일하는 많은 사람들의 처지로 보면, 그들(X, Y, Z와 같은 사람들)이 계속해서 그들의 직업을 지닌다는 것은 해로운 일이다. 그들의 처지는 매우 다른 유형의 주장에 속한다. 성실성이라는 개념이 이런 문맥에서 작용되는 방식은 특히 흥미롭다. 이런 생각은 공리주의자들의 사고방식에 대해 윌리엄스(Bernard Williams 1973b)가 가한 유명한 비판의 버팀목이기도 한데, 그런 생각은 사람들이 공공선을 위해 희생해야 한다는 요구를 무디게 한다. 윌리엄스에 따르면 자기 자신의 생활계획이 지니는 중요성과 개인적인 성실성이 지니는 고결함은, 사람들이 지니는 의무감을 제한하는 것으로 사용된다. 반대로, 나의 논증에서는, 유사한 생각들이 "원치 않는 조기퇴임을 향한 요구"의 근거를 이룬다.

어떤 존경받는 외과의사가 아래와 같이 말한 것처럼 말이다:

> 자기가 하는 일에 대해 책임을 지는 사람들에게 가장 어려운 질문은, 만일 내가 보통사람인 것으로 판명되었다면, 지금 어떻게 되었을까라는 점이다. 만일 모든 외과의사들을 나의 경험 수준에서 파악한다면, 나는 가장 최악의 외과의사 가운데 한 사람임을 알게 될 것이며, 그것에 관한 답변은 다음과 같이 쉬울 것이다: 나는 외과용 메스를 내려놓아야 할 것이다. 그러나 내가 C였다면 지금 어떻게 되었을까? 나는 어떤 시에서 외과의사들과 더불어 일을 할텐데, 이 경우 나는 어떻게 환자들을 나의 수술용 칼 아래 놓아두는 일을 정당화할 수 있을 것인가?(Gawande 2004)

여기서 나의 목적은 도덕적인 물음을 해결하려는 것이 아니라, "유익한 퇴임의 역설"이 적어도 철학적으로 생각해야 할 필요가 있는 곤혹스러우면서도 중요한 문제임을 내세우려는 것이다. 그런 생각이 사람들의 실제생활에 적용될 때는 다양한 형태로 나타날지도 모르며 "퇴임"이냐, "머무름"이냐의 선택으로 제한되지도 않을 것이다. 만일 어떤 사람이 보통의 직장인이라면, 그런 사람은 그런 심리적인 역(閾)을 넘어서기 위해 더 열심히 일해야 할 이유를 지니게 될 것이다. 그 사람은 현재의 지위를 지속적으로 유지함으로써 사태를 더욱 악화시킬 수 있음 직한 것을 미리 제거하게 된다. 만일 어떤 사람이 돌이킬 수 없이 그런 중요한 지점에 서 있다면, 원하지 않는 곳에 자의적으로 옮겨 가지 않고 직장에 그냥 머무르는 것은, 유보적인 효과를 지니는 일이 될 것이다. "즉시" 또는 "나의 경제상황이 약간 증진될 때" 퇴임하려는 결심도 부분적이기는 하지만, 문제에 대한 합리적인 대응일 수 있다.

한층 더한 전환은 "유익한 퇴임의 역설"은 우선, 어떤 사람이 직업을 선택할 때 참작할 수도 있을 어떤 자극에서 비롯된다는 점이다: 우리가 논의하여 온 개인적이면서 도덕적인 위험을 피할 그런 자극을 말이다. 예컨대, 만일 어떤 사람이 그가 현재 하는 일과 관련이 없는 계통의 직업을 선택한다면, 그런 사람은 그보다 더 나은 유능한 사람으로 대체되지 않아서 해롭지 않을까 하는 일로 걱정하지 않아도 된다.

내가 이제껏 숙고해 왔던 사람들이 그들이 일해 온 생애의 직업을 포기하는 것에 대해 어떤 결정을 내리든지 간에, 그 결과는 슬픈 것이기 쉽다. 만일 내가 정확하다면, 상당수의 사람들은 퇴임에 대한 도덕적이면서도 개인적인 이유를 지니게 될 것이다. 비록 그런 것이 너무 도덕적인 요구여서 사람들이 그렇게 하도록 기대하는 것이 힘들다고 생각할지라도 말이다. 그것을 좀 솔직하게 말해 보자: 상당히 많은 사람들을 위해서는, 그들이 현재 취할 수 있는 최선의 직업상의 행위는 그들의 직업을 떠나는 일이다.

· · · · · · · · · · · 주 · · · · · · · · · · ·

1. 렌만(James Lenman 2007)이 나의 최초의 논문(2003)에 대해 비판을 가한 결과로써, 나는 이런 조건들을 특화시키는 일을 강화시켜 왔

다. 렌만은 나의 논증이 취약하다고 주장하였는데, 그 이유는 퇴직한 후에 퇴직자의 더 낮은 기여처럼, 퇴직할 사람들과 대체할 사람들의 직접적인 기여를 비교하는 것을 넘어서는 요인들의 역할 때문이다. 그러나 나는 이런 요인들이 그 이익을 비교할 때(생명을 구하는 것처럼) 커다란 차이를 드러낸다고 생각하지는 않는다. 내가 퇴임을 논의하는 사람들이, 현재 지위를 누리는 그런 사람들 가운데 가장 무능한 사람들이 그렇듯이, 유능한 것 같지는 않은 경우에는, 렌만도 직업을 얻지 못한 현재의 지원자들 가운데 그런 사람들이 있음을 주장했다. 그들은, 사실상, "성공하지 못한 사람들"과 닮았다고 그는 주장하는데, 그런 사람들은 현재 직업을 지닌 사람들이 직장을 얻었을 당시에, 직업을 얻지 못한 사람들이다. 나는(Smilansky 2007) 얼마나 다양한 요인들(여자들과 소수민족에게 전문직업의 기회가 있는 것이나, 많은 사람들이 그들의 생애 동안 예기치 못한 이유로 생산활동을 중지하게 된다는 사실)이 렌만의 논증을 도려내는지를 보여 줌으로써 답변한다. 만일 능력보다 낮은 성과를 올린 사람이 퇴임하거나 직장을 잃게 되면, 이런 일은 우수한 지원자들이 더 쉽게 그리고 더 나은 지위를 얻게 되는 일을 도우며, 더 많은 사람들에게 그들의 진가를 입증할 기회를 준다. 전문적인 직업과 그것으로부터 이익을 얻는 사람들이 상당히 많은 것을 얻게 될 것이다.

3 정의와 엄한 처벌에 관한 두 역설

Two Paradoxes about Justice and the Severity of
Punishment

> 완전성은 마침내 더 이상 첨가할 것이 없을 때 획득되는 것이 아니라, 더 이상 제
> 거할 것이 없을 때 나타난다.
>
> <div align="right">생 텍쥐페리, 『바람과 모래와 별들 <i>Wind, Sand and Stars</i>』</div>

처벌을 정당화하기 위한 이론에 관해서는 광범위한 불일치가 있다. 하지만, 처벌을 정당화하는 만족스런 이론에 속하는 기본적인 내용에 관해서는, 광범위하면서도 깊은 직관이 어떤 그럴듯한 경험적인 가정과 함께 "정의와 엄한 처벌에 관한 두 역설"을 산출하는 듯하다. 그런데 이런 두 가지 역설들은 서로 밀접하게 관련되어 있다. 우리는 직관을 공유하고 경험적인 가정들을 받아들여야 하므로, 이런 역설들에 의해 난처하게 되고 걱정하게 된다. 이런 두 가지 역설은 주어진 환경 속에서 도전하는 가운데 발전하게 된 사람들에 관한 나의 생각으로부터 귀결된다.

처벌에 관해 상식적인 가정을 해 보자. 첫째, 처벌제도에서 중심을 이루는 하나의 목표는 저지에 있다. 둘째, 우리는 어떤 사람은 다른 사람들보다 똑같은 죄에 대해서도 덜한 처벌을 받을 수 있음을 가정하며, 게다가 공정한 처벌은 사람들의 서로 다른 공과(功過)에 민감해져야 함

도 말이다. 나의 논증은 '비행을 저지르는 사람이 고통을 받으면 본래 좋은 일이다' 라는 그런 측면에서, 명백한 공과에 대한 강한 가정을 필요로 하는 것이 아니라, 어떤 비행을 저지르는 사람에 대한 언도는 감소시킬 것을 요하는, 약화된 공과를 고려하는 그런 것에 있다. 억지력(곧, 처벌의 결과에 대한 기대)에 대한 고려에서도, 공과(더 이상의 죄악을 제거하기 위한 처벌과는 독립적인 것)에 대한 고려에서도 모두 다어떤 적합한 처벌체계에서 그 역할을 한다고 우리는 가정하기 때문에, "일원론적"인 접근방법을 견지하는 사람들은 동조하지 않을 것이 분명하다: 비타협적인 공리주의자는 처벌의 결과에만 관심을 두는 반면에, 비타협적인 인과응보론자는 결과에 개의치 않고, 범죄에 관한 정확한 징벌(retribution)에만 관여한다. 그러나 이런 극단적인 접근방법들을 수용하기 위한 근거는 드물다. 그러나 적어도 서구에 사는 대부분의 사람들은 그렇지 않다.

토론에서 지켜야 할 두 가지 경험적인 가정을 제시하기로 한다. 첫째, 처벌은 억제할 수 있으며, 범죄로부터 사람들을 떼어 놓는 꽤 효과적인 방법이라는 점이다. 범죄정의체계(the criminal justice system)의 주요 목적은 사람들이 범죄를 저지르는 것을 초기에 방지하려는 데 있다. 그리고 이것이 실패하면, 범죄를 또 저지르는 것(재범, 상습적 범죄)에 제한을 가하려는 데 있다. 둘째, 대부분의 범죄유형에서는, 처벌을 통한 억제력 효과는, 일반적으로 사람들이 처한 서로 다른 사회경제적인 지위를 반영한다는 측면에서 사람들 간에 다양하다. 이 가정은, 개략적으로 보면, 낮은 사회경제적인 배경과 지위("혜택을 받지 못한 사람들")를 지닌 사람들은 다른 사람들(특권층)보다 범죄에 유혹당하기 쉬우며, 주어진 수준에서 처벌되는 것에 대해 덜 염려한다는 생각을 의미한다. 점점 더 가난해진다거나, 범죄생활에 접하기 쉬운 사람들과 아는 사이인 사람은 범죄생활의 유혹에 빠지기 쉬우며, 심리학적으로는 혜택을 받지 못한 사람들이 죄를 범하기 쉽다. 그러므로 다른 것들이 동등하다면, 혜택을 받지 못한 사람들을 엄한 처벌로 제지하는 것은 특권층을 제지하는 것보다 더 나쁜 전망을 요구하는 것이 된다.

"엄한 처벌"이라는 개념은 부과된 양이나(예컨대, 투옥된 햇수), 유발된 비효용의 양(예컨대, 투옥된 시기가 어떤 사람에게 얼마나 비참했는지)과 관련된 것으로 해석될 수 있다. 토론이 불필요한 짐이 되지 않게 하기 위해, 나는 어떤 소정의 부과된 양으로 말미암아 유발된(생각된) 유해(有害)의 양에 의해서는, 특권층과 비특권층 사이에 어떤 의의 있는 차이가 없음을 명문화하려 한다. 그래서 우리는 엄한 처벌을 투옥된 햇수에 의해, 직접 비교할 수 있을 것이다.

나는 첫 번째 역설에 관한 광범위한 개략을 제시함으로써, 그런 개략을 수정하고 설명하는 일을 시작할 것이며, 그다음에는 이어서 두 번째 역설을 제시하려 한다.

첫 번째 역설

비특권층은 보통 소정의 범죄에 대해 특권층보다 덜 엄한 처벌을 받을 만하다. 다른 것들이 동등하다면 말이다(이런 주장에 관한 기초가 아래에서 탐구될 것이다). 하지만 비특권층은 보통은 범죄를 억제하기 위해 더 심한 처벌을 필요로 한다. 다른 것이 같다고 할지라도 말이다. 그렇다면 역설에 관한 첫 번째 형식은 다음과 같다: "정의(Justice)란, 대체로, 좀 더 심한 처벌에 의해서만 범죄가 억제될 수 있는 그런 사람들에게 좀 덜한 처벌을 부여하는 것을 필요로 한다." 그리고 명백히, 비특권층에게는 더 심한 처벌을 받게 하는 바로 그런 요인들이기도 하다.

이런 역설을 이해하는 데는 두 가지 방법이 있다. 덜한 공과로 인해 처벌을 누그러뜨리는 좁은 의미의 정의는 외적인 처벌체계(곧, 억제력)에 근거하는 것과 대비를 이룬다. 대신, 우리는 역설을 정의라는 개념 내에 있는 것으로 파악할 수도 있는데, 이 경우 정의라는 개념은 좀 더 넓은 의미로 이해된다. 공과와 관련된 것 이외에, 넓은 의미의 정의 그 자체도 효과적인 억제력을 지닌다. 여기서 나는 좁은 방식으로 정의를 이해하는 해석을 전개해 나갈 것이다. 개략적으로는 낮은 공과에 기인하는 약화된 처벌과 동일한데 말이다.

첫 번째 역설은 다음과 같은 결과를 가져온다: 정의로운 사회는 사람들이 죄를 범하는 것을 억제하기 위해, 죄를 덜 범할 것으로 예상되는 사람들에게 더 많은 죄를 범하도록 충동질하는 그런 가망성을 제공하는 경향이 있다.

어느 정도까지는, 역설에 관한 좀 더 강한 형식조차도 가능하다. 우리는 엄한 처벌에 의해 아래와 같이 말할 수도 있다: 사람들에 관한 공과수준(범죄를 범할 때)은 범죄를 범하지 못하도록 사람들에게 압력을 가하는 처벌수준에 반비례한다.

하지만 우리의 주제는 "뉴턴법칙"과 같은 것을 허용하진 않는다: 각 개인에게 요청되는 억제수준과 공과수준은 일반적인 유형과는 다르기 쉬우며, 더 나아가 처벌이 단지 억제라는 견지에서 만들어지지는 않는다. 우리의 논의는 본래부터 도표에 따른 것이다. 우리는 "특권층"과 "비특권층"에 관해, 좀 더 일반적인 용어로 말해야 한다. 비록 요청되는 억제수준과 공과수준에서 어떤 단계는, 확실히 가능할지라도 말이다. 하지만 광범위한 일반화처럼(차라리 모든 경우들에 적용되는 과학법칙보다는), 이런 좀 더 강한 형식화조차도 정확한 듯하다(표 3.1을 참조).

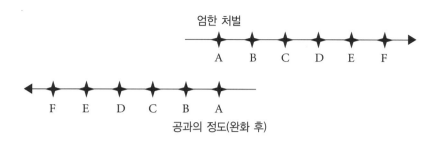

엄한 처벌

A B C D E F

F E D C B A

공과의 정도(완화 후)

표 3.1 첫 번째 역설: A, B, C 등은 서로 다른 사람들을 가리킨다; 두 평행선 위에서 사람들의 처지 사이의 불일치(요청되는 엄한 처벌과 당연한 완화)는 주목할 만하다.

덧붙여 말하면, 사회경제적인 배경에서의 차이점에 의해서라기보다는, 어떤 유형의 범죄(성적인 것과 같은)를 범하려는 경향성의 강도에서 나타나는 개인적인 차이에 의해, 아마도 유사한 논증이 형식화될는지 모른다. 그러나 나는 여기서 이런 방향을 전개하지는 않을 것이다.

이처럼 정의와 처벌을 향한 상식적인 태도는 처벌의 고통에 관한 이런 첫 번째 역설로 이어진다. 그러나 혜택을 받지 못한 사회경제적인 배경을 지닌 사람들이, 그들이 범한 소정의 범죄 때문에 덜 심하게 처벌을 받아야 한다는 그런 정의의 요청을 우리는 어떻게 이해해야 할 것인가? 이런 복잡한 일에 관한 우리의 직관을 상세히 설명하는 두 가지 일반적인 방법이 쓸모 있을 듯하다. 어떤 사람은 비특권층이 그동안 "사회로부터 받아 온" 것에 초점을 맞춘다. 만일 비특권층에 속하는 어떤 사람들이 심리적으로 학대당하고, 경제적인 역경으로 가득 찬 어린 시절을 보냈다면, 그들이 범한 범죄는 그것이 무엇이든 간에 그들은 이미(어떤 의미에서는) "갚은 것"으로 말해질 수도 있다. 그들은 그들의 등 뒤에 한 짐 가득 지워진 판결을 내리는 상황에 들어가게 될 때라도, 꽤 만족스런 어린 시절을 보낸 사람과, 적당한 물질적인 혜택을 받은 사람들이 당연히 받아야 할 그런 혹독한 처벌을 받지 않아도 된다(예컨대, Klein 1990: 82~4를 참조할 것). 이런 논제를 이해하는 두 번째 방법은, 좀 더 일반적으로, 어떠한 혜택도 받지 못한 배경을 지닌 데서 유래하는 범죄자에 그 초점을 맞추고, 그런 사람이 범죄를 피하기 위해 얼마나 많은 역경이 있었는지를 지적하는 일이다. 특권층이 아주 절제 있는 방법으로만 접해 온 그런 범죄를 범하고 싶은 강한 유혹에 그가 계속해서 직면한다면, 그가 과거에 영향을 받은 결과로써, 그의 현생활에서의 역할모형(role model)의 결과로써, 그리고 그가 처한 가난과 주변 부자들 사이에 나타나는 불균형의 결과로써, 그런 점이 설명되지 않는다면 공정하지 않은 듯하다.

동등하게 형을 부과하려는 법의 경향이 여기에서 나의 경우를 위험하게 할는지도 모른다. 이런 나의 경우는 좀 덜한 공과(그리고 경감된 형과 억제를 위해 필요한 것들 사이의 불일치) 때문에 처벌을 경감하는 것에 근거를 두고 있다. 법률체계는 예측가능한 "죄의 대가"가 광범위하게 알려지도록 소정의 범죄에 대해 동등한 형을 바라는 경향이 있으며, 다른 여러 가지 이유들에 뒤섞여 나타나는 오용을 피하는 경향도 있다. 하지만, 법률 내의 다른 경향들은 나의 경우에 호의적이다: 법체계는 동등한 형에 관해 다른 숙고를 할 여지도 남겨 놓는 경향이 있다. 그리고 우리는 분명히 그렇게 하기를 원한다. 우리가 숙고하려는 역설은 실제로는 법체계가 그렇게 하도록 하는 범위에 의존해야 할 것이다. 게다가, 비특권층은 동등한 처벌보다는 덜한 처벌을 받아 마땅하다는 것을 가정하게 되면, 한결같이 동등하게 형을 선고하는 것은 역설성에 속하는 모든 것을 제거시키는 것이 아님을 주목하라.

더 심각한 반대는 공정한 처벌이라는 생각에 관련된 기본적인 가치가 지닌 복잡성으로부터 나타나는 주장이다. 좋은 자동차가 다양한 욕구(무게, 안전성, 속도 등) 사이에 합리적인 절충을 하는 데서 만들어지듯이, "억제"와 "공과" 사이에 균형을 유지하려는 욕구에 관해서는, 어떠한 역설적인 것도 존재하지 않는다는 주장도 있을 것이다. 결국, 우리는 효율적인 처벌에 관한 생각은 죄가 없는 사람을 "처벌"하는 것과 관련된 그런 쟁점 속에서 나타나는, 벌에 관한 고려와 대비될 수 있음을 안다(이런 문제는 인위적이고 계획된 상황 속에서만 발생한다고 흔히 생각되지만, 내가 제시했듯이(Smilansky 1990), 이것은 그렇지 않다). 이와 같이 하여, "공과를 누그려뜨리려는 생각"과 "저지를 누그려뜨리려는 생각" 사이에 나타나는 현재의 긴장에 관해, 특별한 어떤 것도 없는 듯하다. 하지만, 이것은 비특권층을 처벌하는 맥락에서 우리 자신을 발견하는 상황에 대한 오도된 해석이다. 완전한 것이 획득될 수 없는 한, 저지와 상벌은 적어도 긴 여정을 함께한다고 흔히 생각한다. 그러나 첫 번째 역설은 이것이 전형적으로 그렇지 않음을 보여 준다. 훨씬 모호한 유추가 요청된다. 어떤 사람이 다른 사람을 사랑할 때마다, 후자가 전자를 사랑하지는 않으며, 그 역도 그렇다는 것을 상상해 보라. 또는 역동적으로, 어떤 사람이 다른 사람을 사랑하면 할수록, 후자는 전자를 점점 덜 사랑한다는 것을 상상해 보자. 분명, 그렇다면 서로 사랑한다는 그런 이상은 실현되지 못한다. 그런 상황은 불합리하며 비극적이다.

두 번째 역설

두 번째 역설은 하나의 덧붙임과 더불어 첫 번째 역설에서 유래된 것과 같은 유형의 가정에서 유래되는데, 여기서 하나의 덧붙임이란 아래와

같은 것이다: 처벌은 몹시 나쁘다. 처벌은 사람들에게 상처를 주는 일이어서, 우리는 그것을 최소화하려 한다. 많은 사람들은 이런 모호하고 일반적인 가정을 공유한다. 비록 그것이 우리가 원래 가정했던 것처럼 널리 알려진 지지를 받지는 못할지라도 말이다. 이런 가정은 처벌의 주된 정당화는 그것이 지닌 좋은 결과에 있다고 생각하는 사람들을 위해 특히 매력적일 것이다. 그리고 그런 사람들은 미덕(美德) 때문에 처벌에 대해서는 의심한다.

우리는 정의에 관한 우리들의 상식적인 견해가 우리로 하여금 소정의 범죄에 대해서는 엄한 처벌을 통해 균형을 이루도록 요구한다는 것을 보아 왔다. 비특권층에게는 더 낮은 공과를 반영하면서 말이다. 하지만 억제를 위한 요청이라는 견지에서, 죄를 범한 비특권층(말하자면, P)에게도 어느 정도까지는 처벌이 필요하다. 그렇다면 비례성이라는 점에서 요구되는 것은, 더 나은 특권층 배경에서 기인하는 것이 "덜 심하게 처벌될 것이다"(P − y)라는 것 대신에, 더 심하게 처벌될 것임을 의미할 것이다(P + x). 억제에 관한 일반적인 요구가 고려된다면, 그런 것들은 그랬을 것이다. 그러나 그렇다면, 더 풍족한 배경을 지닌 사람에게는 다른 사람들보다 더 심한 처벌이 가해질 것이다. 특권층보다는 비특권층을 덜 처벌하려는 요구가 비특권층이 받을 처벌의 엄격성에 비해 너무 큰 차이를 드러내서는 안 된다. 만일 억제를 위해 좀 더 큰 요구가 주어진다면 말이다(우리는 그들이 최소한도에서 처벌되리라 생각할 수 있다). 그런 식의 생각은 우리로 하여금 더 풍족한 배경을 지닌 사람들에게는 "불필요하게", 엄하게("불필요"는 x + y라는 정도로 — 표 3.2를 참조할 것) 처벌하게끔 하는 것이 될 것이다. 그러나 이것은 처벌이 가능한 한 제한될 수 있다는 부가적인 가정에 모순된다. 곧, 우리가 그런 일이 없이 합리적인 정도로 억제할 수 있다면 말이다.

P + x : 특권층에 대한 실제 처벌수준(비특권층과 비교되는 간극을 설정하기 위해)

 P : 비특권층에 대한 실제 처벌수준(억제를 위해 요청되는 것)

 P – y : 특권층에 대한 가능한 처벌수준(억제를 위해 충분한 것)

표 3.2 두 번째 역설: 처벌에 관한 어떤 가능한 수준

　비특권층의 경우는 더 약하게 처벌되어야 한다는 생각에서 출발하는 것을, 비특권층을 요청되는 억제수준(P)에서 처벌할 필요와 결부시킬 때는, 특권층에게는 "과잉처벌"이라는 역설적인 결과를 산출케 한다. 비특권층을 포함하여 어떠한 사람도 이롭진 않지만, 여하튼 특권층은 호되게 처벌된다.

　이것은 창문에 "옛 고객을 위해서는 50퍼센트 깎아 줌"이라는 표시를 해 놓은 어떤 상점에 들어가는 그런 고객에 관한 이야기와 비슷하다. 그러나 그 고객은 그가 지불하고 있는 가격이 과거에 지불했던 것과 정확하게 똑같음을 알게 된다. 고객의 항의에 상점주인이 "맞아요", "하지만 저는 새로운 고객들에게는 두 배를 더 받습니다"라고 말하는 것과 같다는 말이다.

　특권층에게는 어떠한 부가적인 처벌도 발생하지 않을 듯하다. 왜냐하면 특권층이 덜 심한 처벌을 받는다는 전망(P – y)에 의해 억제된다면, 더 심하게 처벌될 전망(P + x)은 틀림없이 그런 사람들을 억제하는 데 충분하고도 남기 때문이다. 하지만 이런 식의 주장은, 처벌수준이 모든 개인들의 경우들을 망라하지 못하게 됨으로 해서 일반성을 망각

하는 것이 된다. 특권층 배경을 지니면서도 유죄로 입증된 범죄자는, 일상적인 고려가 적용된다면 그가 받게 될 그런 처벌보다 더 심한 처벌을 받게 될 것이다. 말하자면, 그가 받는 형벌은 대부분의 사람들로 하여금 특권층 배경을 단념하게 한다(또는, 그런 일이라면, 비특권층 배경조차도 말이다). 아마도 특권층 배경을 지닌 사람들 가운데 많은 사람들은 증가된 엄격한 처벌에 의해 범죄를 단념하게 되지만, 추측건대, 그런 배경이 훨씬 낮은 대부분의 사람들에게는 억제전망이 적절한 그런 처벌수준이 될 것이다(예컨대, P − y). 죄를 범하고 유죄로 판명된 특권층 배경을 지닌 사람들은, 그런 배경을 지닌 사람들에게 가해지는 처벌의 엄격성 면에서, 그 상벌의 정도가 비특권층 배경을 지닌 사람들에게 가해지는 수준보다 더 강하게 요청되므로, "불필요한" 엄격성에 의해 처벌을 받는 일이 된다.

역설은 우리가 하여야 할 일을 하는 것에 의해, 그리고 잘못이 아니거나 도덕적인 요청들에 부합함에 의해, "이상적인 이론"과 관련을 맺고 있음을 주목하라. 상식적인 경험과 규범적인 가정이, 그리고 물론, 죄를 범하는 사람들이 주어지면, 우리가 하여야 할 일을 우리의 목표로 삼을 때(처벌이 완화될 만한 사람들에게 처벌이 완화되는 되는 것처럼), 우리는 분명히 역설에 빠지게 된다.

    다양한 요인들이 처벌에 관한 방정식에 들어 있으므로, 우리들이 하는 가정이 주어진다면, 절충하려는 욕구와 더불어 복잡성이 나타나게 됨은 놀라운 일이 아니다. 하지만, 놀라운 것은 저지와 공과는 아주 힘차게 그리고 전체에 걸쳐 서로 다른 방향으로 치닫는다는 점이다: 그러므로, 개략적으로 말하면, 사람들이 처벌받기를 요구하면 할수록, 사람들이 그렇게 되는 것이 약화된다는 점이다(첫 번째 역설에서). 이것은 불합리하며, 우리가 오랫동안 그것을 숙고한다 할지라도 불합리한 채로 남아 있게 된다. 곧, 우리는 전제들을 포기할 수 없고, 논증에서 잘못을 범할 수도 없는 듯하다. 우리는 이런 불합리성(부조리)과 더불어 살아야 한다. 이런 불합리성 속에서 그리고 이런 불합리성이 지니는 중요성 속에서, "실존적인 역설"이 싹튼다. 이런 상황은, 이번에는, 어떠한 사람에게도 기여하지 못하는 불합리스런 "과잉처벌"을 가져오기도 한다(두 번째 역설에서).

마지막으로, 이런 모든 것은 효과적이고도 공정한 처벌체계를 갖출 가능성에 관해 무엇을 함축하는가? 우선, 공과의 정당화와 본질을 취급하는 더 진척된 중요한 질문들이 제시되어야 하므로, 우리는 확정된 결론에 이를 수 없다. 우리들의 귀결은 회의론을 조장한다. 일단 비특권층에게 가해지는 처벌이 첫 번째 역설 — 개략적으로 말하면, 비특권층이 처벌의 위협을 받아야만 할수록, 비특권층은 그런 처벌을 점점 덜 받을 만하다는 사실 — 을 통해 의심스럽다는 점을 우리가 알게 되면, 우리는 어떤 선택을 하게 된다. 우리는 좀 더 낮은 공과와 완화라는 생각이 지니는 중요성을 진지하게 택할 수 있으며, 그런 경우에 효과적인 처벌체계를 만들기 위한 우리의 시도는 크게 방해를 받게 될 것이다. 대안으로 우리는 억제를 주장할 수 있으며, 비특권층을 요구되는 수준까지 처벌할 수 있다(앞의, P). 그런 경우에 우리는 공과를 완화하는 생각을 다음과 같은 정돈된 개념으로 바꿔야 할 것이다: 특권층과 비특권층이 처벌되는 방법 사이에 어떤 변인이 존재하는 한, 사회적으로 이익이 되는 어떠한 저지수준도 받아들일 수 있다. 이런 두 번째 지시를 취하는 것은 또한 부산물로서, 다음과 같은 제2의 역설을 창출한다: 비특권층에 관한 처벌수준이 비교적 가벼운 데 반해, 특권층은 더 심하게 처벌될 것이라는 점이다.

이런 두 가지 역설들은 성가신 것이지만, 나에게는 그것들을 극복하기 위한 단순한 방법이 없다. 역설성을 인식한 후일지라도, 그런 역설들이 추론되는 직관들을 포기한다거나 가정을 거부하는 일은 매우 어려운 일이다.

4 공갈: 해결

Blackmail: The Solution

덕성을 함양하려는 갈망에서 도덕가의 마음을 지배하는 것이 윤리과학의 진정한 진보를 방해해 왔다고 나는 생각해 왔다: 그리고 이런 점은 우리가 주로 물리학의 위대한 발견에 대해 그 신세를 지는 무관심적인 호기심을 그것에 적용함으로써, 도움을 받게 되리라고 나는 생각해 왔다.

헨리 시지윅, 『윤리학의 방법 *The Methods of Ethics*』

공갈에 관한 화제가 새로운 방법들에서 중심적인 화제로 제기된다: 협박과 제공의 허용가능성, 도덕성과 법의 관계, 결과에 대한 관심의 역할, 비결과론자의 윤리적 숙고에 대한 관심의 역할, 그리고 자유의 한계와 같은 방법들을 말이다. 공갈의 역설성은 오랫동안 인식되어 왔다. 다른 논문들과 달리 이 글은 새로운 역설을 제공하진 않는다. 이 글은 하나의 해결을 제공하려는 데 있다. "이와 같은 해결과 더불어 누가 문제를 필요로 하는가?" 해결 그 자체가 역설적인 것으로 생각될 수 있을지도 모른다. 그러나 우선 우리는 공갈이 무엇이며, 그것이 지닌 역설이 무엇인지를 이해할 필요가 있다.

공갈이라는 개념은 종종 느슨하게 적용된다. 그런 개념을 사용하는 사람들은 그 개념이 지닌 강한 경멸적인 함축에 과도하게 의존하면서 말이다. 나는 여기서 그것을 좀 더 좁게 그리고 좀 더 정확한 의미로 살펴볼 것인데, 그것은 아래와 같은 특성들을 지닌다: (a) 어떤 사람이 의무를 지니지 않으면서 행하려는(또는 행하지 않는) 의도적인 언급이며, 공갈범은 자기들이 목표로 삼는 것이 환영받지 못함을 안다; 그리고 (b) 공갈범은 법적으로 대가를 치른다는 조건으로 그런 의도를 수행하지는 않는다는 점이다. 이런 것을 "일상적인 공갈"(ordinary blackmail)이라 일컫자.

전형적인 예로는, Z가 Q에게 상당량의 돈을 지불하지 않으면, Z가 다른 여인과 내연관계에 있다고 Z의 부인에게 말하겠다고 Z에 가하는 Q의 협박을 들 수 있다. 돈을 요구하는 것은 법적인 일이며, 남편의 불륜을 그의 아내에게 말하는 것도, 또는 협박하면서 말하는 것도 법적인 일이다. 여기서 윤리적인 논지는 덜 분명하다. "일상적인 공갈"에 속하는 각각의 요인들 가운데 어떠한 것도, 보통은 도덕적으로 추악하다고 여겨지지 않는다는 점을 주목하라. 그래서 이상한 어떤 것이 이곳에서는 진행되고 있다.

공갈은 "강탈"(extortion)과는 다른데, 여기서 강탈은 불법적인 행위(예컨대, 어떤 사람에게 폭력을 사용하는 것)를 수행하기 위해 협박을 동행한 강제적인 요청이다. 공갈은 해로운 거짓정보를 확산시키기 위한 위협과도 구별된다. 여기서 해로운 거짓정보는 "중상"(defamation)이라는 생각과 관련될 수도 있다. "일상적인 공갈"은 공갈하는 자들의 이익이 부정하게 생기는 경우들(말하자면 전화도청을 통해)을 배제한다. 용납할 수 없는 화폐(예컨대, 공갈범이 부도덕하거나 불법행위를 수행하는 것과 같은)로 지불하도록 공갈범이 요청하는 것도 우리의 관심거리인 그런 공갈과는 다르다. 이런 경우들은 "일상적인 공갈"에서 나타나는 고유한 난점들을 고찰하려는 우리들의 노력을 방해하는 그런 문제들을 가져온다. 우리는 순수한 경우에 관해 생각하기를 원한다.

마지막으로, 우리가 고찰하는 좁은 의미의 공갈은 정보를 가지고 협박하는 것에 한정되지 않는다(Z에게 공갈하는 Q의 경우에서처럼). 예컨대, 만일 당신이 당신에게 매달 어느 정도의 금액을 지불하는 어떤 유형의 상점들에 대해, 근처에 경쟁적인 상점이 문을 여는 것에 심한 압박을 가하지 말도록 요청한다면, 그로 인해 그런 상점들은 사업이 잘 안될 것이며, 우리의 관심을 끄는 문제들이 발생할 것이다(Smilansky 1995a를 참조할 것). 사실상, 이것은 실제로 어떤 측면에서는, 일상적인 공갈보다도 더 어려운 지경에 이를 수도 있는 그런 이유가 된다. 왜냐하면 여기서 피해자들은 죄가 없는 반면에, 일상적인 공갈에서의 피해자들은 흔히 잘못된 어떤 것을 하여 왔거나 적어도 부끄러운 것을 행하여, 그 결과 그런 사람은 구제받기에 약한 주장을 지니게 마련이다. 그러나 우리는 일상적인 경우들에 그 초점을 맞출 것이다.

"일상적인 공갈"이라는 관념은 두 가지 중요한 역설을 발생시키는데, 그 가운데 하나는 개념적인 것이고, 다른 하나는 실질적인 것이다.

공갈에 관한 개념적인 역설

만일 공갈에 속하는 공통된 유형의 요인들(지불을 요구하는 것, 그렇지 않으면 어떤 것을 하도록 위협하는 것이 허용되는 것, 위협을 수행하거나 하지 않는 것)이 본래 허용가능한 것이라면, 우리가 공갈에 대해 가하는 강력한 반대근거는 무엇인가? 이런 무해한 것들이 함께 일어나면 왜 그렇게 나쁜가? 강탈에 대한 일반적인 태도를 이해하게 되면 이런 유사한 난점들은 드러나지 않는데, 그 이유는 만일 어떤 사람이 다른 사람들에게 폭력을 가하는 것이 허용되지 않는다면, 폭력을 그만두는 것에 대해 지불을 요구하는 것은 고사하고, 폭력을 가한다고 위협하는 것도 허용되지 않는다. 이와 같이 공갈과 강탈 사이의 대비도 공갈에 대한 부정적인 태도를 둘러싼 의문들을 두드러지게 하는 것을 돕는다.

마이클 클라크(Michael Clark 1994)는 "일상적인 공갈"에서 돈을 요구하는 것이 위협적으로 이루어진다면, 돈의 요구와 위협의 결합은 새로운 어떤 것을 야기하는데, 그런 새로운 것은 공갈에 관한 한 의심스런 것이 된다고 주장했다. 이런 식으로 공갈을 구성하는 요인들을 생각할 수 있다는 사실은 불합리스럽지 않다. 실로 도덕적으로 문제시되는 유사한 다른 습관들(중혼이나 매춘이 마음에 떠오른다)도 있다. 이런 행위에 관한 윤리적인 의의는 그런 행위를 구성하는 각각의 요인들이 지닌 의의를 초월한다. 그렇다면, 첫 번째 역설(개념적인 것)이 형식적인 것으로 받아들여진다면, 우리는 그것을 떨쳐 버릴 수 있다. 이것을 지적하면서 클라크는 개념적인 역설을 해결했다고 말했을 수도 있다.

그렇지만, 악이나 그릇됨에서 유래하는 새로운 창발의 "비법"(alche-my)이 "일상적인 공갈"에서 작동하는 방법은 여전히 신비스런 것으로 남아 있으며, "일상적인 공갈"을 구성하는 각각의 요인들에 속하는 성질과 분리되어서는 어떠한 것도 이런 것의 의미를 명백히 하는 데 도움을 주지 못한다. 어떤 사람에게 하도록 허용된 것은 하라고 압력을 가하면서도, 금전적인 보상 때문에 그렇게 행하지 말도록 제의하는 것은, 공갈이 일깨우는 급진적이고도 신기한 그런 가증스러움의 의미를 밝힐 수 없는 듯하다. 공갈이 지닌 역설성을 재빨리 없애는 것에 관해 우리들이 지니는 불만은, 우리가 다른 요인들에 대해 생각할 때 증가한다. 공갈을 당하는 Z라는 사람은 공갈범에게 기꺼이 돈을 지불하는 그런 선택을 종종 할 수도 있을 것이며, 돈을 이미 지불했다면 그런 식으로 선택했을 것이다. Z는 공감범이 신문사에 사건 관련 뉴스를 거래하는 것을 내버려 두지 않을 것이다. 그러나 뉴스를 거래하는 일이 허용될 수 있기 때문에, Z는 공감범이 그의 묵비권을 자기와 거래하도록 바랄 수도 있다. 그런 관점은 실제적이어서, 그런 것들은 우리에게 아래와 같은 두 번째 역설방향을 제시한다.

실재적 역설

공감과 관련된 주요한 철학적인 어려움은, Q가 Z에게 공감하는 것과 같은 전형적인 "일상적인 공감"의 경우와, "도덕성이란 극도로 비난받을 만한 일을 택하는 것이 아니며, 법률은 그런 일을 금지하지 않는다"라는 사회 · 경제적인 생활에서의 일반적인 관례라는 이런 두 가지 사이에서 나타나는 뚜렷한 유사성 때문에 빚어진다. 나는 그런 것들을 "또 다른 사회적인 관행들"이라 부르려 한다. 예컨대, 많은 노동쟁의에서 노동자들은 더 높은 봉급을 받기 위해, 일하는 것을 중지하면서 합법적으로 위협한다. 마찬가지로 사용자들은, 만일 사용자들의 요구가 받아들여지지 않으면 회사운영을 중지한다거나 다른 노동자들을 고용하겠다고 위협한다. 이혼의 경우에도, 각 당사자는 만일 자기들 방식으로 일들이 해결되지 않으면 지속적인 소송행위를 하겠다고 위협할 수 있다. 상품불매행위나 근무불이행도 다양한 유형의 요구를 지지하기 위해 협박하는 것일 수 있다. 부적절한 것으로 입증된 결과들 때문에 피해자들은 법정에 회사를 고소하겠다고 협박할 수도 있으며, 그렇게 해서 보상이 이루어지지 않으면, 법원을 통해 생산자들에게 공적인 권고를 하게 하기도 한다. 정치인들은 그들을 지지하지 않는 집단들에게 재원을 삭제하겠다고 간접적인 위협을 가하기도 한다. 부족한 물품이나 불충분한 봉사를 해결하기 위해 가격을 올리는 예도 결국은 협박에 근거한 재정적인 요구이다. 이런 모든 일반적인 관행은 "일상적인 공갈"로 특징지어지는 앞에서 제시한 두 가지 비슷한 유형의 특징들 — (a), (b) — 을 지닌다. 그렇다면, 우리가 도덕적인 견지에서 다룰 때, 우리들은 그런 것들이 공갈과 근본적으로 왜 다르다고 생각하는가?

공갈에 관한 철학적인 어려움에 접근하는 하나의 방법은 공공의 직관은 정확하다고 상정하는 일이다. 이런 해석에서 나타나는 하나의 골칫거리는, 그런 것을 정당화하는 방법과 관련된 일이다. 그렇게 되면 우리가 지금까지 철학적인 과제로 지녀 온 것이 삭제된다. 참된 철학적인 태도는 공공의 직관이 정당화되는지의 여부를 더 깊이 묻는 일이다. 실재적 역설(Substantive Paradox)에 관해 사고하는 것의 결과들 중 하나는 우리가 옳음에 관한 그리고 도덕적인 한계에 관한 기본적인 가정에 의문을 제기하는 일이다. 실재적 역설의 귀결은 양방향으로 펼쳐지도록 되어 있다. 우리는 "일상적인 공갈"에 대해, 아마도 그것을 범죄화하지 않으면서 더 관대한 자세로 대할 필요가 있다고 느끼게 될지도 모른다(Mack 1982 참조). 또는 공갈을 닮은 일반적인 관행들은 도덕적으로 보아서는 공갈과 동치이지만, 도덕적으로나 법률적으로는 덜 상당한 것으로 우리는 이해하게 될 것이다. 어떤 경우이든 그런 전망은 혼란을 일으키도록 되어 있다.

실제적인 역설을 해결하기 위한 몇몇 시도가 문헌상에 나타나 있다. 우선, 우리는 일반적인 태도를 냉소적으로 설명할 수 있다. 그런 설명 가운데 하나는, 일상적인 방법으로 공갈을 당하는 것은 부자와 권력이 있는 사람들을 겁먹게 하는 반면에, 고용주나 정치인들로부터의 위협은 그들에게 거의 영향을 주지 않는다. 돈이나 권력을 가진 그런 사람들이 다른 사회적 관행이 아니라 "일상적인 공갈"을 택하는 것은 그러므로 거의 놀랍지 않다. 그러나 냉소적인 유형의 설명은 "일상적인 공갈"에 대해 일반적인 태도가 지닌 강도를 설명하지 못하는 듯하며, 그것을 정당화하게 내버려 둔다. 만일 여러분들이 여러분들의 남자형제나 여자형제들이 "일상적인 공갈"과 관련된 어떤 사람과 데이트 약속을 하고 있음을 알게 된다면, 여러분들은 놀랄 것이다. 이런 일은 부자들의 조종에 의해 야기된 "거짓의식"에 속박된 결과로 설명될 수 없는 듯하다.

둘째, 우리는, 도덕적인 용어로서는, "일상적인 공갈"과 "사회적인 관행" 사이에 유사성이 큼을 인정할지 모르지만, 그들 사이에 드러나는 구별은 여전히 법적으로 정당화된다고 믿어도 괜찮다. 이런 과제는 역설을 교묘히 둘러대어 모면하게 할지도 모른다. 예컨대, 증대된 어려움은, "다른 사회적 관행"과 "일상적인 공갈"에 대한 법적인 태도가 왜 서로 달라야 하는지를 정당화하는 데 있음 직하다. 비록 그들 사이에 도덕적으로 깊은 차이가 없다 할지라도 말이다(예컨대, Feinberg 1988, Gorr 1992를 참조).

이런 접근은 미심쩍다. 비록 공갈에 관한 논점이 도덕적이면서도 법적인 문제와 관련되어 있다 할지라도, 우리는 역설의 존재를 위한 경우를 도덕적인 측면에 국한시킬 것이다. 비록 사회가 공갈에 대해 법적인 인가(認可)를 하지는 못한다 할지라도, 공갈범들이란 도덕적으로 비열하다는 주장을 우리는 부인하기 힘들다. 우리는 민감한 경제적인 매매 계약에 종사하는 사람들에게 그처럼 심하게 부정적인 태도를 흔히 드러내지 못한다. 우리의 엄격한 윤리적인 직관조차도 "일상적인 공갈"로부터 구별하기 어려울 수도 있는 관행들을 관대하게 취급한다. 그래서 도덕/법의 분리는 도덕적인 역설에 대한 해결이 아니다. 더욱이, 우리가 도덕적인 논점과 법적인 논점 사이에 확고한 구별을 주장하고 나선다면, 높은 대가를 지불해야 할 것이다. 도덕적인 논점과 법적인 논점 사이에 있는 커다란 간극은, 이런 맥락에서는, 깜짝 놀랄 만하거나 성가신 결과로 이어질 것이다. 결국, 도덕적인 것과 법적인 것은 특히 공감과 관련된 문제에서는 서로 뒤엉켜 있는 듯하다: 법이 공감을 제한하는 주된 이유는 윤리적인 불인정 때문이다.

철학자와 법학자가 실재적 역설을 취급해 온 세 번째 방법은 "일상적 공감"이 지닌 특징을 확인하려는 것인데, 여기서 일상적인 공감은 그것과 아주 비슷한 용인가능한 사회적인 관행으로부터 그것을 윤리적으로 구별한다. 이런 길은 매우 유혹적인데, 그 이유는 그런 길은 실제적 역설이 지닌 뇌관을 제거하기 때문이다: 일단 우리가 면밀히 관찰한다면, "일상적인 공감"과 "사회적인 다른 관행"들은 본질상 서로 다른 것으로 드러난다. 하지만 그런 리트머스 식 시험은 명확하게 계통을 세워 나타내기는 쉽지 않다. 철학자들과 법률사상가들은 강압적인 선택 대 비강압적인 선택, 사생활침해, 제3자의 권리, 상대방의 약점폭로, 해로움과 이롭지 않음의 구별에 관해 숙고해 왔다(예컨대, Murphy 1980; Lindgren 1984; Fletcher 1993을 참조할 것). 구체적인 논의들이 복합적이면서도 호기심을 돋우지만, 그런 논의들이 눈에 보이게 성공적인 것은 아니다. 제시된 제의는 제한된 유형의 경우들에서만 성공적인 듯하거나, 도덕적으로 허용되지 않는 것 — 공감에 관한 논점이 논쟁을 불러일으킨다는 것을 보여 주는 가정들 — 에 관해 결정적인 도덕적 가정을 함으로써 논점을 교묘히 회피한다. 예컨대, "선정적인 저급 신문"은 개인의 사생활을 침해하고, 공감범이 하듯이 돈을 벌기 위해 어떤 여자의 약점을 폭로할 수도 있다. 누군가 토지 분쟁에서 양보하지 않으면, 어떤 이웃은 그가 건축을 허가한 2층을 올리도록 하여 시야를 가리겠다고 위협할 수 있다. 이것은 강요된 선택에 속하는 그리고 철저하게 해로운 위협과 관련된 예들일는지도 모른다. 하지만 우리들 가운데 극히 일부만이 "일상적인 공갈"이라고 우리가 여기는 방법대로 그런 관행을 대한다.

위의 방법들 가운데 어떠한 것도 "실재적 역설"을 해결하는 데 성공적이지 못한 듯하다. 우리는 공갈이 일상적인 일이 아니라 아주 지긋지긋한 추구이며, 도덕적으로 고도로 불쾌한 것이며, 심각한 범죄이며, 사회적인 규제를 받을 만한 그런 것이라는 강한 직관을 지닌다. 하지만 어떠한 사람도 이제까지는 이런 직관을 정당화하는 어떠한 것도 지적할 수 없었다.

다른 어떤 것이 어떤 "해결"을 제공하기 위해, 여기에 나타나는 듯하다. 그러나 이런 해결 그 자체는 역설적이다. 우리는 "일상적인 공갈"이 지닌 나쁜 면들이 독특하기 때문에 그런 공갈을 선발하지 못하는 것이 아니라, 나쁜 것을 극복하려는 일상적인 공갈에 속한 좋은 어떤 것도 없기 때문이다. 나의 결론은 "일상적인 공갈"과 내가 토의해 온 사회적인 관행들은 본래 윤리적으로 아주 다르지는 않을 수 있다는 점이다. 사회적인 다른 관행을 지속시키기 위한 더 이상의 이유가 있을 수도 있다. 독특한 어떤 것이 그것을 아주 나쁜 것으로 드러내 보이기 위해, 공갈 속에 존재해야 한다는 우리들의 직관은 잘못이다. 우리가 공갈사태와 관련된 서로 다른 설명을 발견하지 못하는 한, 우리는 공갈에 관해 특별히 부정적인 어떤 것도 없다는 "수축된" 결론과 더불어 생활해야 할 필요가 있다.

바르게 지향된, 계약적인 덕에 근거한 윤리라는 관점에서의 접근이 여기에서는 기여할지 모르지만, 공리주의(또는 좀 더 광범위하게는 결과론, 효용성과 밀접하게 관련되어 있지 않은 결과에 관한 어떤 관심)

가 공통된 관행을 정당화하는 데는 특별한 권위를 획득하는 듯하다. 정보 사용에서 유래하는 저속함은 그런 정보가 선정적인 저급 신문에 나타날 때 증가될 수 있지만, 출판의 자유를 지속시켜 주는 근거들은 이런 것으로 인해 그 짐이 너무 무겁게 된다. 경제적인 매매계약에서 유리한 입장을 협박하거나 제공하기 위해 "공갈과 비슷한 것"을 사용하는 것도 마찬가지로 정당화될 수 있을 것이다. 왜냐하면 유사공갈이 지닌 경제적인 효능이나, 또는 어떤 사람이 다른 사람에게 그 노동이나 고용을 제공하기도 하고 보류하기도 하는 권리의 중요성 때문에 말이다. 그러나 "일상적인 공갈"은 어떠한 동등한 은총도 제공하지 않는다.

"일상적인 공갈"을 범죄시하는 것은 사회적인 해악을 널리 퍼지게 하는 원인이 될 것이다. 선한 어떤 것(어떤 사람은 부가적인 공갈의 위험 때문에 잘못을 저지르는 일을 금지할 수도 있을 것이다)이 창발될 수 있겠지만, 이런 것은 해악에 비교해서는 무시해도 좋을 것이다. 공갈(법적인, 도덕적인 제재)로 말미암아, 현재의 행동의욕을 저해하는 것을 사라지게 하거나 경감시키는 것과 더불어, 새로운 업무 기회가 열리는 일은, 전반적으로, 사람들이 훨씬 더 공갈에 직면하기 쉽게 됨을 뜻한다. 비록 사람들이 그들의 공갈범들을 매수하기를 선호한다 할지라도, 만일 그와 같은 어떤 공갈범들이 존재한다면, 가능한 적은 수의 공갈범들을 접하는 것이 더 나을 것이다. 사람들의 사적인 일들이 상업적으로 실효성이 있게 된다면, 사생활에 대한 개인들의 공포가 심해질 것이다. 이런 일은 공인에게만 한정되는 것이 아니라, 모든 사람들을 위협하게 할 가능성이 있다. 그리고 그런 일은 전형적으로 반복적이 될 것이다(곧, 사람들은 아마도 하나 이상의 출처로부터, 그리고 사건이 유리하게 마무리될 것이라는 보장도 없이, 자꾸자꾸 돈으로 남의 입을 막을 필요가 있을 것이다). 아무리 친밀하거나 낯설더라도 각 개인은 잠재적인 적(enermy)의 상태로 될 수 있다는 분위기가 우세하다: 홉스의 "만인에 대한 만인의 투쟁." 그리고 모두 무슨 목적으로?

그 이외의 많은 사회적인 관행이 그러하듯이 "일상적인 공갈"은 강제적이며, 상처를 주는 것이며, 체면을 손상하는 것이며, 착취하는 것이며, 아첨하는 것이며, 침해하는 것이다. 그것에 관해 특별히 나쁜 것은 없다. 역설적으로, 그것을 숨아 내는 일은 별로 또는 소용이 없는 일이다.

5

비처벌의 역설
The Paradox of Non-Punishment

처벌이 범죄를 능가하지 않도록 유의해야 한다.

키케로, 『의무론*De Officiis*』

처벌을 고찰한 앞의 글(3장)에서, 우리는 두 개의 관련된 역설들이 공통된 도덕과 경험적인 가정으로부터 어떻게 나타나게 되는지를 살펴보았다. 공갈에 관해 다루는 것을 중지한 후에, 우리는 처벌로 되돌아올 수 있었다. 지금의 역설은 우리가 더 공개적으로 그리고 급진적으로 고정관념을 깨기 시작한다면 나타난다.

정의체계가 완벽한 그런 상황은 이상에 가까운 듯하다. 그와 같은 체계 내에서는 어떠한 범죄도 없으며, 그 결과 어떠한 사람도 처벌되지 않는다. 정의체계를 생각하는 사람들은 대체로 범죄(그리고 내가 앞으로 괄호 속에 "범죄"라는 제목 하에 언급할 다른 여러 가지 불법적인 활동들)에 관해 걱정한다. 또 어떤 사람들은 자기들이 죄를 범한다 할지라도 인간에게 할당된 엄한 처벌에 대해서는 대단히 걱정스러워한다. 그리고 거의 모든 사람들이 죄 없는 사람들을 "처벌"하는 것에 대해 걱정한다. 만일 우리가 이런 모든 다양한 걱정들을 진정시킬 수 있다면, 우리가 사는 세계는 어떠한 범죄도 범해지지 않는 세계이므로,

어떠한 사람도 처벌받지 않을 것이며, 이런 세계는 확실히 놀라운 세계일 것이다.

그러나 일들이 그처럼 단순하지는 않다. 범죄를 억제하기 위해 필요한 처벌수준에 관해 아주 확실한 것을 우리가 안다고 생각해 보자. 죄를 범할 수 있을 성싶은 것도 억제에서는 하나의 중대한 요인이다. 범죄의 수준을 결정하는 데 있어서 말이다. 그러나 이런 문제는 일괄하여 다루기로 한다. 어떤 수준의 위협적인 처벌로써 일을 해치울 수 있다는 그런 확실성을 모든 죄악에 적용할 필요는 없다. (그리고 그럴 것 같지도 않다.) 그러나 우리가 어떤 종류의 범죄에 대해서만 처벌을 가하는 것으로 한정한다 할지라도, 그리고 그런 처벌을 어떤 대상이 되는 일련의 사람들에게만 한정한다 할지라도, 그런 논증은 제기될 수 있다. 그런 완전한 억제수준을 "억제점"이라 부르자.

X라는 범죄를 범한 어떤 사람을 억제점(또는 더 높은) 수준에서 처벌받도록, X라는 범죄를 그 억제점에 적용시킨다면, 우리는 그런 유형의 범죄가 발생하지 않음을 예측할 수 있다. 이것을 "이상적인 완전한 억제"라 일컫자. 다른 말로, "모든 잠재적인 범죄 X에 관해, 억제점에 도달한 처벌수준에서는 범죄도 처벌도 모두 방지된다." 유일한 걸림돌은 억제점이 매우 높은 것을 요구한다는 점이다. 억제점은 범죄와 불균형적이며, 흔히 상식적인 처벌 기준에서 보면 몹시 심하다.

내가 마음에 두는 것을 설명하기 위해, 나는 이런 역설의 발견과 관련된 이야기를 말하면서 시작하려 한다. 되돌아보면, 나는 일단의 일들이 그렇다는 점을 알 수 있지만, 가장 최근에 간파한 일은 런던 교통당국에 의해서였다. 내가 살고 있는 이스라엘에서는 대단한 것이 아닌 하찮은 주차위반의 경우는 주차위반 벌금을 내는 것으로 처리된다. 위반의 심각성(예컨대, 교통을 방해하는)에 따라서는 엄한 조치(견인과 같은)를 취하기도 하지만 말이다. 반면에, 최근에 내가 방문했던 런던에 서는, 법을 집행하는 자들이 무정했으며, 어떠한 사람의 차도 법 집행 자에 의해 끌려가야 했다. 이런 점은 나로 하여금 즉각적으로 주차 행위를 개선하도록 했으며, 그런 일에 신경쓰도록 했다.

지금 우리는 같은 방향으로 더 나아갈 필요가 있다. 예컨대, 우리가 어떤 중요한 광장 주변에 차를 정차하고 싶다고 생각해 보자. 왜냐하면 그 지역에 주차하는 일이 자유롭다면 일반인들에게 아주 유익할 것이기 때문이다. 만일 하찮은 벌금 대신에, 벌금이 만 달러까지 치솟으며, 위반차량이 몰수된다면, 그리고 시당국이 이런 결과들을 발표한다면, 그런 무거운 벌칙은 주차위반 지역에서 정차하는 일을 방지할 수 있음을 우리는 예측할 수 있다. 어떤 위반들에 대해서는, 핀란드에서처럼 거부(巨富)들은 자기의 수입에 맞춰 상당량의 벌금을 내도록 강요될 것이기 때문에, 거부들조차도 주차위반을 시도하고 싶지 않을 정도로, 사람들의 수입에 따라 벌금을 부과할 수도 있을 것이다. 또는 우리가 화폐를 위조하는 것을 금지하려 한다고 해 보자. 만일 국회가 화폐위조범을 가석방 없이 무기징역에 처하며, 그런 사람이 소유하는 모든 재산을 몰수하는 법률을 시행한다면, 어떠한 사람도 화폐를 위조하려는 위험을 감수하지 않을 것이다. 또는 운전자를 내쫓아 버리고 자기가 운전자의 차를 사용하는 "차 탈취행위"를 예로 들어 생각해 보자. 만일 차를 탈취하는 죄상(罪狀)의 정도를 제2급의 살인범과 동등한 것으로 취급한다면, 우리는 그런 차 탈취범이 더 이상 기존의 방법처럼 차를 훔치지는 않을 것임을 예측할 수 있다.

처벌이 적절해서, 모든 사람들이 지지하며, 모든 면에서 "이상적인 완전한 억제"에 따라 그 역할을 다하는 그런 세상을 향해 우리가 매진할 수는 없다. 그래서 우리는 실용적인 한계를 인정해야 할 것이다: 예컨대, 상당량의 약을 섭취한 약물복용자는 언제나 그들의 습관에 따라, 법적인 제재가 어떻든 사소한 도둑질을 억제하지 못할는지도 모른다. 죄를 지은 가정에 위해(危害)를 가하는 일은 협박이 아니라는 것과 같은 윤리적인 제한도 있을 것이다. 본래, 사람들이란 비합리적이며 여러 방식으로 스스로를 속이기 때문에, 완전한 억제가 이루어질 수 있는지의 여부에 관해 의심하는 여러 가지 다른 이유들도 있다. 그러나 여기서 우리는 그런 제의가 적용될 수 있을 여러 가지 예들과, 어느 경우에서나, 역설에 관한 관심이 비록 대부분의 경우는 이론적인 수준이라 할지라도 여전히 남아 있게 된다는 것에 초점을 맞출 것이다.

억제점을 적용하는 데에서 결정적인 요인은 "죄를 범하지 않는 한 처벌되지 않는다"라는 확신을 사람들이 충분히 지녀야 한다는 점이다. 하르트(H. L. A. Hart)가 지적했듯이, 자의적으로 이루어진 행위에 근거해서 법적인 제재가 가해져야 한다는 방식은, 각자가 접할 미래의 운명은 각자의 선택에 의해 결정된다는 점에서 개인의 능력을 최대화하는 것일뿐더러, 그런 방식은 법의 간섭으로부터 개인을 자유롭게 열어놓는 여지를 미리 확인하는 그런 능력을 극대화하는 것이기도 하다(1970: 181~2). 이런 목표를 성취하는 것은, 법정에서 특정 개인이 범죄를 저질렀음을 결정적으로 입증하는 사태를 법정이 요구하는 것처럼, 심리과정에 의존할 것이다. 법은 범죄자에게 가해질 수 있는 처벌로부터 벗어나는 어떤 변명을 하도록 허용할 수도 있다. 그리고 법은 어떤 다른 보호수단을 포함할 수도 있다. 우리는 사고실험처럼, 그런 모든 조건들에 관해 완전하고도 의존적인 존재물을 생각할 필요가 있다. 유사하게, 우리는 처벌을 통한 압력은 죄를 방지하기 위해서만 사용되는 것이지, 정치적인 압박이나 종교적인 신봉 속에서의 기제(機制. mechanism)와는 같지 않음을 가정한다.

이제 우리는 아래와 같은 비처벌의 역설을 알 수 있다:

1. 억제점에서는, 유형 X에 속하는 어떠한 범죄도 범하지 않았으므로, X와 관련된 어떠한 처벌도 발생하지 않는다(어떠한 사람도 X라는 죄를 범하지 않으므로). '만일 범죄가 없다면, 처벌도 없다'는 것이 이상적이다.
2. 그럼에도, 우리는 완전한 억제점에 도달하는 그런 시기를 원하지 않는다. 우리는 극히 심하고 불균형한 처벌로 위협하는 그런 빈틈없는 정의체계에 관해서 공포스럽다고 생각할 것이다.

완벽한 억제에 근거한 처벌체계에 반대하면서 이제부터 가능한 몇 몇 논증들을 탐구해 보기로 한다.

첫째, 어떤 사람은 완벽한 억제는 공정하지 않다고 주장할 수도 있다. 결국 이런 설명에서는, 이상적인 완벽한 억제를 드러내 보이는 세계란 공과를 벗어난 처벌수준에 대해서는 위협을 가하는 것임을 보여주는 그 어떤 것이 있다는 점이다. 하지만 이것은 즉시 '어떠한 사람도 처벌되지 않기 때문에 사실상, 불의도 존재하지 않는다'는 그런 난점에 봉착하게 된다. 법이란 그것이 결코 적용되지는 못한다 할지라도 공정하지 않을 수 있다. 그러나 어떤 사람이 공정치 못한 처벌의 희생물이 되자마자 어떠한 처벌도 받지 않는다니! 완벽한 억제 하에서는 키케로가 걱정한 어떠한 것도 없을 것이다. 전통적인 결과론자들이 제시하는 것과는 달리, 실제적으로는 불공평한 처벌이지만 그런 처벌을 통해 사회적으로 좋은 결과를 성취하는 그런 곳(죄가 없는 사람들에 대한 "처벌"이나, 죄를 범한 사람들에 대해 불공평하게 엄한 처벌을 가하는 것)이 있을 수 있는데, 완벽한 억제의 경우에는 그런 불공평이 존재할 수 없다. 왜냐하면 그런 완벽한 억제의 경우에는, 어떠한 사람도 다른 사람들을 죄악으로부터 벗어나게 하기 위해 처벌되어서는 안 되기 때문이다. 유사하게 어떠한 사람도 다른 사람들의 선을 위해 "단지 수단으로써" 사용되거나(칸트를 따르는 사람들의 문구에서처럼), 그들 때문에 희생되어서는 안 된다. 부정행위와 관련된, 일반적으로 인정되는 심각한 문제는 처벌의 위협이 시작됨으로써 방지된다.

둘째, 어떤 사람이 죄를 범한다면 어찌되는가? 그렇다면 실로 그 사람은 불행한 기대 속에서 살게 될 것이다. 여기에 나는 두 가지 방법으로 답변할 수 있다. 첫 번째 답변은 이론적인 수준에 머무른다. 억제가 효과가 있을 거라는 완전한 확신이 있는 경우일 때조차도, 대부분의 사람들은 제시된 과잉처벌의 위협에 여전히 반대할 것이다. 그래서 어떤 사람이 그물 속에 갇힐 거라는 그런 공포는 우리로 하여금 이상적으로 완전한 억제를 추구하려는 제의를 거절하게 하면서, 직관적으로 이루어지는 모든 일을 할 수 없게 한다. 이런 결과는 우리들이 추구하려는 것을 위해 충분하다. 물리학이나 경제학에서처럼, 우리는 이상적인 조건들을 모방하는 모형들을 다룸으로써 도덕성에 관해 배울 수 있다. 둘째, 경험적으로 보아, 억제라는 것이 절대 틀리는 일이 없는 그런 경우임을, 우리는 확실하게 생각할 수 있다. 이런 경우들에서는, 그런 억제가 너무나 강해서 사람들은 문자 그대로 죄를 범하려면 미쳐 버려야 한다. 그런 혼란은 이성조차도 다른 방법으로 처리되게 할 수 있을는지도 모른다. 더욱이, 어떤 유죄판결을 받은(결국, 죄가 있는) 사람이 대체로 "이상적으로 완전한 엄격성"을 드러내 보이는 아주 잘 구축된 정의체계에 의해 심하게 처벌된다 할지라도 말이다. 물론, 이런 과잉처벌은 드물 것이다. 덧붙여, 그런 과잉처벌의 중요성은 현재 나열된 악에 비교하면 무시해도 좋을 것이다. 범죄도 처벌된 범죄자의 고통도 모두 다

부분적으로는 사회가 범죄를 없애기에 충분한 자극을 제공하는 데 계속해서 실패하고 있다는 사실로 말미암아 그렇게 많아진 것이다. 그리고 확실히, 그런 제시된 체계 속에서는 죄를 범하지 않은 사람들을 처벌하는 데서 오는 위험성이 현재의 그것에 비교하면 현저하게 감소될 것이다.

셋째, 논증은 공포에 근거한 것이다. 만일 사람들이 죄를 범해 엄벌주의자들이 내세우는 엄격한 수준에서 가해지는 처벌로 고통을 받게 될 것을 두려워한다면, 이런 일은 그들의 삶을 괴롭힐 것이다. 하지만 이런 가능성은 아주 과장된 것이다. 과잉처벌을 위한 제도적인 장치나 압력을 가하려는 의도는 명백히 소정의 범죄를 범하는 사람들이 존재한다는 것에서 유래한 것이다. 이런 일은 협박이 진지하게 택해질 수 있도록 하기 위해 요청된다. 하지만 정의체계란 죄가 없는 사람이 해를 입지 않는 그런 환경을 제공한다는 사실을 사람들이 안다면, 사람들은 죄를 범하지 않을 것이며, 죄를 짓지 않는 상태로 남아 있을 것이며, 아울러 안전함을 느낄 것이다. 공포에 근거한 논증에 따라 만들어질 수 있는 더 나아간 반응은, 완벽한 정의체계 속에서는 사람들이 범하지도 않은 범죄 때문에 처벌되는 것이 가능하다는 점이다. 그리고 (어떤 사회에서는) 사람들에게 그런 일이 나타날 위험은 거의 없지만, 어떤 사람은 그가 범하지 않은 범죄 때문에 처형될 가능성조차 있다는 점이다.

넷째, 개인들의 행위는 "이상적인 완전한 억제"에 따른 함수일 때 영향을 받는다고 여겨질 수 있으며, 그렇게 되면 개인들이 내리는 결심과정은 맥을 못 추게 된다. 결국, "이상적으로 완전한 억제"가 적용되는 조건 속에서는, 우리의 현행 체제 하에 행해질 수 있을 상당수의 범죄들이 봉쇄될 것이다. 극단적인 처벌을 가하는 그런 협박이 그런 범죄를 발생하지 못하게 한다. 그러나 이런 주장은 이중으로 잘못된 것이다. 그런 논리는 널리 퍼져 있는 처벌에 대한 공포 때문에, 사람들이 범죄를 떨쳐버린다는 사실에 적용할 수 있다. 죄를 범한다는 것은 잘못된 일이다: 만일 어떤 사람이 처벌이라는 협박 때문에 범죄를 단념한다면, 그런 일은 좋은 결과인 듯하다. 사회에서 범죄를 저지를 가능성 여부 곧, 더 쉽게 죄를 범하게 되는 일은 덜 심하게 처벌된다는 것에 영향을 받는다는 점(곧, 현재 널리 퍼져 있는 방법에 따르면서)을 사람들이 어떻게 그럴듯하게 논증할 수 있는지 나는 알지 못한다.

이처럼 우리가 관심을 지니는 과잉처벌의 위협은 예방 차원에서의 협박과는 아주 다르다. 뉴(Christopher New 1992)는 어떤 사람이 죄를 범하려는 정황이 의심할 바 없음을 우리가 알고 있다면, 그리고 그가 죄를 범한 후에는 그를 처벌할 수 없다는 것도 우리가 알고 있다면, 그 사람이 죄를 범하기 전에 처벌할 수도 있음을 제안했다. 나(Smilansky 1994d)는 이런 예방 차원에서의 협박은 사람들을 존중한다는 생각과 상반된다고 답했다. 우리는 (아직까지는 죄 없는) 사람들이, 마지막 순간까지, 죄를 범하는 것을 삼갈 것을 스스로 결심하도록 내버려두어야 하고, 이렇게 함으로써 도덕적 선함을 계속 유지하게 하고 처벌받지 않도록 할 수 있기 때문이다. 그러나 사람들을 존중한다는 생각은 여기서는 문제가 있는 듯하다. 왜냐하면 어떠한 사람도 적은 처벌의 위협도 받지 않게 되면, 죄를 더 쉽게 범할 수도 있기 때문이다.

더욱이, 행위자가 깜짝 놀랄 만큼 그런 완벽한 억제 상황을 기술하는 것은 잘못 인도하는 일이다. 이상적인 완벽한 억제는 세뇌라는 어떤 사악한 메커니즘이나, 두뇌에 화학적으로 어떤 것이 일어나게 함으로써 운용되지 않는다. 그런 세계에서의 정부는 사람들의 사생활을 침해하지 않을뿐더러, 사람들의 작인(作因)이나 자율을 무시하거나 수정하지도 않는다. 모든 것은 지금 있는 그런 상태로 남겨둔다: 사람들은 간섭받지 않는다. 어떤 소정의 범죄에 대해, 말하자면 벌금 50달러를 5,000달러로, 집행유예 2년을 12년 수감으로 정하듯이 집의 벽모서리 기둥을 들어 올리는 것과 같은 일에 의해, 우리는 그저 범죄를 저지를 가능성이 있는 사람들에게 죄를 짓지 않는 일을 선택하도록 더 진척된 합리적인 근거를 제공하여 왔을 뿐이다.

억제점을 사용하는 일은 실제로는 어떤 유형의 범죄 가능성을 인정하는 일이다: 가중된 협박에 의해 죄를 억제하는 사람들은, 과거의 규율 하에서는 죄를 저지를 것이다. 우리는, 만일 그런 위협(협박)이 채택된다면, 범죄와 처벌로부터 그런 사람들을 구하는 셈이 된다.

과격하게 심하면서도 부적절한 처벌로 사람들을 위협하는 정의체계와 관련된 생각은 마음에 들지 않는다. 하지만 완전한 억제가 적용될 수 있는 그런 영역 내에서는 범죄도 처벌도 모두 방지된다. 바로 그런 것이 완전한 억제를 매력적이게 한다. 범죄정의체계는 범죄방지를 그 목표로 한다. 만일 이것이 이루어질 수 있으며 그 성취가 처벌이라는 대가를 지불하는 그런 것이 아니라도 불평할 것인가? 이런 일을 약을 복용하면서 그 전망에 관해 생각하는 상황과 비유해 보자. 만일 어떤 사람이 병에 걸리면, 모든 병이 치유되는가: 그렇다면 놀랍지 않은가? 범죄도 처벌도 모두 높은 수준인 우리의 현 체계 또한 마음에 들지 않으며, 그런 것을 위한 욕구는 전혀 매력적이지 않다. 하지만 우리는 "이상적인 완전한 억제"(앞서 언급한 "하르트"의 강요)를 거부하기 위한, 하나의 위압적인 주된 이유도 알아야 한다.

가톨릭 사상에서 돋보이는 하나의 가능한 근거는, 핵억제에 관한 논의에서 언급되는데, "의도"에 관한 것이다. 핵억제가 효과적이기 위해서는, 잘못을 저지르려는 의도(사람들을 대량으로 죽이는)가 형성되어야 하는데, 그런 의도를 형성하는 일은 도덕적으로 잘못된 것이라 말해질 수 있다. 좋은 토론을 위해서는 예컨대, 맥마한(McMahan 1985), 카브카(Kavka 1987: 2장)가 한 주장을 참조하라. 우리가 고찰하려는 처벌의 경우는 매우 다양하다: 전형적으로 살해 위협을 포함하지 않는 그런 죄를 처벌하는 데 초점이 맞춰져 있으며, 사회적 전멸을 막으려 하지 않으며, 반복적이며, 정의체계에 의해서 이루어진다 등등. 그런 기본적인 차이점은 핵억제가 왜 폭넓게 실행되어지고 받아들여져야 하는지를 설명하는 데 도움을 주는 반면에, 과도한 처벌을 수반한 협박은 피해야 함을 설명하는 데도 도움을 줄 수 있다. 그럼에도 잘못을 행하려는 의도에 기초한 유사한 근거가 과잉처벌에 대비되어, 여기서 제시될 수 있다. 그러나 이런 걱정은 어떤 신학적인 가정 속에서라는 것을 제외하면, 그렇게 너무 성가신 것은 아닌 듯하다: 나는 어떤 가언적인 의도가 실현될 수 없을 때는, 그런 의도가 도덕적으로 잘못일 수 있는지 어떤지 의문을 지닌다. 그리고 만일 그것이 어떤 드문 경우에 실현된다면, (의도가 아닌) 과잉처벌 그 자체가 문젯거리가 된다. 나는 여기서 신학적인 고려는 할 수 없다.

우리가 과잉협박을 사용함으로써, 정의체계를 통해 완전한 억제를 추구하려는 계획은 물론, 적대적인 직관들을 불러일으킨다. 우리가 이런 직관들을 극복할 수 없음을 느끼는 한, 그리고 우리의 현 실천에 의해서는 계속해서 지탱할 수 없다고 느끼는 한, 우리는 비처벌의 역설에 직면하게 된다.

논의의 여지가 있기는 하지만, 우리는 어떤 경우에도 역설에 직면하게 된다. 우리가 범죄도 처벌도 모두 다 방지할 수 있는 어떤 방법을 선택하지 못하는 것은 역설적인 듯하다(우리는 어떤 사람을 처벌하지 않고도 우리들이 원하는 범죄정의체계의 목표를 완전히 성취한다). 그러나 이상적인 완전한 억제에 근거한 어떤 과정을 선택한다는 것도 역설적인 듯하다. 그런 정의체계는 매우 심하고 적절치 못한 처벌로 사람들을 위협해야 이루어짐을 말하는 것이기 때문이다. 그런데 그런 협박이 수행된다면 명백히 불공정할 것이라는 면에서, 사람들이 마땅히 받아들여야 할 그런 것은 아니다.

문명화된 서구 사회는 범죄를 감소시키는 사회의 주요 수단으로, 어떤 억제방식으로 범죄자들을 처벌함으로써 그 기능을 다하는 계획된 정의체계를 지니는 듯하다. 그러나 매우 엄한 처벌로 협박을 가함으로써 어떤 영역에서의 범죄를 완전히 억제하려는 전망은 우리로 하여금 역설에 직면하게 한다. 현실적으로 보아 어떤 범죄자를 처벌하지 않고서 범죄를 방지할 정의체계를 구축하는 일은 비이성적인 듯하다(그런 일은 범죄와 처벌 모두를 함께 사라지게 한다). 그러나 불공정한 처벌로 시민들을 협박함으로써 작동하는 그런 정의체계를 구축하는 일은, 도덕적으로 용인될 수 없는 듯하다. 반면에 정의체계를 정당화하는 일은 그런 협박들이 결코 수행되어서는 안 될 그런 생각에(비록 그것이 참이라 할지라도) 의존한다.

6 도덕적으로 나쁜 일들에 관해 미안해하지 않는 것

On Not Being Sorry about the Morally Bad

다른 사람의 소감은 어느 정도 우리 자신의 소감으로 되어야만, 비로소 우리에게 영향을 미칠 수 있다.

데이비드 흄, 『인간오성론 *A Treatise of Human Nature*』

나쁜 일은 자주 발생하며, 도덕적으로 착한 사람들은 그런 일들이 발생하는 것을 유감으로 생각한다. 사람들은 나쁜 일들은 어떤 것이든 하지 말도록, 그런 것들이 발생하지 않게 노력하도록 도덕적으로 요구받는다. 그렇지 않게 되면 도덕성에 관한 요구는 터무니없는 일이 된다. 그러나 도덕적으로 착한 사람이 나쁜 일들의 발생에 대해 미안해하는 것보다 더 명백한 일이 있을까? 더욱이 나쁜 일들이 어떤 사람의 주변에서 발생한다거나 그런 일들과 관련되어 있다면 말이다. 때로는 나쁜 일이 발생할 때 미안해하지 않는 일이 도덕적으로 허용될 수도 있음을 나는 논증할 것이다. 심지어 그것에 관해 행복해하는 것이 허용될 수도 있다. 그러나 이런 일을 도덕성이라 말할 수 있는가?

명백히 나쁜 경우를 생각해 보자. 당신이 태어나기 전에 당신의 부모는, 다음과 같은 경우를 제외하고는, 보기에 아름다운 정상적인 딸을 낳았다. 그런데 그 딸은 심한 심장질환에 걸린 채 태어났으며, 그 때문에 태어난 지 단 몇 주 만에 세상을 떠나게 되었다. 딸의 죽음이 부모에게 끼친 영향은 제쳐 두기로 한다. 당신은 그 딸이 세상을 떠난 후에 태어났다. 당신의 누나가 생존했더라면, 당신의 부모는 당신을 낳지 않았을 거라는 사실을 당신은 나중에 알게 되었다. 이 경우에 당신은 당신의 누나가 사망한 것에 미안스러워해야 하는가? 나는, 사실, 누나가 태어난 후 얼마 안 되어 곧바로 사망한 다음에 태어났으므로, 대체로 나는 누나의 죽음에 미안스러워하지 않는다. 그러나 다시 한 번 당신의 처지로 돌아가 곰곰이 생각해 보자.

물론, 어린 아기의 죽음은 나쁜 사건이다. 대조적으로, 만일 당신이 그런 상황에 처한 "있음 직한" 나이어린 남자형제이거나 여자형제라 한다면, 당신이 태어나지 못한 것은 나쁘지 않을 것이다. 아기가 임신되지 않는 일은, 종종, 문자 그대로 헤아릴 수 없을 만큼 많은 일인데, 이런 일은 슬픈 일로 여겨진다기보다는 나쁜 일로 여겨진다. 하지만 나는 일들이 그런 식으로 일어나는 것을 미안스러워해야 한다고 생각하진 않는다. 물론, 그런 일을 기쁜 듯이 바라보는 일은 부적절할 것이며, 당신은 동정심과 연민의 정을 지니고서 누나의 죽음에 대해 미안함을 나타내야 한다(마찬가지로 지금의 당신 존재는 당신 누나의 죽음에 의존한다는 것에 애통해하며, 당신과 당신 누나가 함께 생존할 수 있게끔 일들이 되어질 수는 없다는 그런 반사실적인 사건들에 대해서도 말이다). 그러나 일반적인 의미로는, 당신은 일들이 그런 식으로 일어난 것을 미안스러워하는 일이 가능하지 않다. 미안함이라는 개념이 지닌 두 가지 의미를 구별하기 위해, 우리는 미안함의 첫 번째 의미를 "…에 대해 미안해하다"(sorry for)라고 하고, 두 번째 의미를 "…이 미안스럽다"(sorry that)라고 할 수 있다. 당신은 당신의 누나에게 미안해해야 한다(sorry for). 그러나 당신에게 일들(누나의 죽음을 포함해서)이 그렇게 되어진 것에 미안스러워하는(sorry *that*) 일은 허용되지 않았다. 왜냐하면 그렇다면 당신은 살아 있을 수 없기 때문이다. 비록 당신의 태어남이 당신 누나가 죽어야 했기 때문이라는 것을 당신이 안다고 할지라도, 당신이 태어난 것은 행복한 것으로 도덕적으로 허용되기조차 한다.

이런 것에는 당신이 당신 누나를 죽음에 이르게 한 어떠한 가능성(어떤 좀 이상한 과학소설류에서처럼)도 함축하지 않는다. 또한 당신 누나의 죽음이 미안스럽지 않은 것도 아님도 가능한 듯하다. 이런 사실은 당신 누나의 죽음이 본래 나쁠 뿐만 아니라, 일반적으로 그녀가 죽었다는 것이 나쁘다는 사실을 혼란스럽게 한다; 다시 말해, 이런 일은 그녀가 계속 살아 있으며, 당신은 임신되지 않았다는 것보다 더 나쁜 사태이다. 이런 식으로 도덕성은 우리가 보통 생각하는 것보다 훨씬 더 유연하다. 우리 자신의 삶(우리가 다행스런 불운에서 살폈던 극적으로 나쁜 부분들처럼)에 속하는 나쁜 부분들을 정서적으로 수용하는 것과, 다른 사람들의 삶에서 나쁜 것을 정서적으로 수용하는 것(또는 환영하기조차 하는 것)은 서로 아주 다르다. 하지만 비록 그런 다른 사람들이 당하는 재앙들이 전반적으로는 나쁠 때조차도, 그런 재앙들에 대한 정서적인 "수용"이 종종 도덕성으로 수용될 수 있다.

나는 별생각이 없이 "도덕적으로 나쁘다"라는 용어에 관해 두 가지 공통된, 그러나 서로 분기하는 직관들이 있음을 주목한다. 더 좁은 해석에 따르면, 어떤 일이 도덕적으로 나쁜 것이기 위해서는, 어떤 사람이 도덕적으로 잘못된 어떤 것을 하고 있음과 관련시킬 필요가 있다. 반면에 더 넓은 해석에 따르면, 도덕적으로 애통한 사건들(자연적인 큰 재해처럼)이 발생했으므로, 어떠한 사람도 도덕적으로는 잘못된 어떤 것을 하지 않았다 할지라도, 우리들은 그런 나쁜 사건들을 "도덕적으로 나쁜" 것으로 이야기할 수도 있다. 나는 더 넓은 해석을 선호하지만, 실질적인 어떠한 것도 이런 일에 대해 관련을 맺고 있지는 않다.

　나쁜 일들이 발생한 것에 대해서는 언제나 유감스러워해야 하며, 그런 일들에 대해 행복해하지 말아야 한다고 사람들이 믿으면 유용할지도 모른다. 증오, 악의, 부러움, 냉담한 무관심에 대한 인간의 강한 경향은 확실히 그것에 대한 보상을 필요로 한다. 그러나 앞서 말한 아기의 경우는, 어떤 경우에는 나쁜 일들의 발생에 관해 미안해하지 않을 수도 있음을 보여 준다. "비록 사람들이 미안스럽게 생각하지 않을 수 있는 유일한 이유가 그런 것에 기인할 때조차도 말이다."

　한계는 확실히 있을 것이다. 많은 사람들이 나치 박해로 도망다니다가 그들의 부모가 서로 만났기 때문에 태어났다. 그들은 나치에 의한 대량학살이 없었다면 거의 틀림없이 출생하지 않았을 것이다. 고통, 손실, 사악함의 정도는 너무나 컸다. 그 수는 헤아려진다. 사실상 대규모 사건들이 지닌 붕괴성효과(disruptive effects) 때문에, 여기서 제시하는 주장의 범위는 좀 더 확산적이라 생각하는 것이 그럴듯하다. 나치에 의한 유대인 대량학살이 없었다면, 수백만의 사람들이 태어나지 않았을 것이며, 역사상에 나타나는 다른 큰 재앙들도 그와 유사하다고 생각한다("비동일성문제"; Parfit 1984: 16장을 참조할 것). 역사적인 기준에서 사건들을 바라본다는 것은, 역사가 발생한 그대로 우리가 행복해할 수 없음을 나타낸다. 큰 재앙이 없었다면 우리와 우리가 사랑하는 사람들이 태어날 수 없었다는 것에서 알 수 있듯이 말이다.

　앞에서 살펴본 아기의 경우에서 얻은 우리의 결론은, 어떤 호기심이나 그런 경우와 관련된 묘한 관점으로부터 그런 일이 당연히 추론된다고 생각해서는 안 된다는 점이다. 어떤 미친 총잡이가 거리에서 당신 쪽으로 총을 발사하는 사건이 발생했다고 생각해 보자. 우연히 그 당시 두 사람의 보행자가 총의 사정거리 안에 들어와 총탄에 맞아 희생되었지만, 당신의 생명은 그들의 죽음을 통해 구해졌다(두 사람 모두가 희생된 것이 그 총탄이 당신에게까지 도달하지 않은 필수적인 조건이었다). 도덕적으로, 두 사람의 죽음은 한 사람의 죽음보다 더 나쁜 일이다. 비록 그 한 사람이 바로 당신이라 할지라도 말이다. 당신은 그런 두 사람에 대해 미안해해야(sorry for) 하지만, 일들이 그런 식으로 발생한 것을 미안스러워할(sorry that) 필요가 있는가? 나는 그렇게 생각하지 않는다. 사실, 아주 종종 우리는 약간 덜 극적이라 하더라도 그런 일들이 발생할 때, 맹목적으로 미안해하지는 않는다. 만일 내가 사랑에 성공했거나 직업을 얻는 데 성공했다면, 이런 일은 흔히 나의 경쟁자에게 나쁜 어떤 일이 발생한 것에서 당연히 추론된다(말하자면, 그 사람이 정신적으로 이상해졌거나, 총명하지도 매력적이지도 않게 태어났거나이다). 경쟁 상황 밖에 있을 때, 나는 사람들이 잘 되기를 바라지만, 경쟁 상황 속에서는, 모든 것을 고려하면서, 내가 좀 더 우세하게 되는 것을 나는 미안스러워하지 않는다. 전형적으로 우리는 일들을 바꾸기 위해 어떤 것도 하지 않으며(우리가 할 수 있다 하더라도 하려고 하지 않으며), 우리가 그런 것들을 변화시켜야 한다고도 생각하지 않으며, 나쁜 일들이 다른 사람들에게 발생할 때도 우리가 이처럼 살기가 좋아진 것을 미안스러워하진 않는다. 우리는 흔히 그런 식으로 이런 일들에 관해 생각하지 않기도 한다("내가 그 때문에 그런 기회를 얻었으므로, 그가 실패했던 것을 매우 만족해한다"); 그리고 흔히 어떤 애증을 느낀다 (Greenspan 1980 참조). 그러나 만일 어떤 사람이 그런 경쟁적인 상황에서 자기가 승리하는 것이 미안스럽다(sorry that)고 선언한다면, 우리는 그런 사람을 위선적이라 여길 것이다.

어떤 유형의 평등주의자들과 공리주의자들이 여기에 강하게 연관되어 있곤 한다. 그들이 지닌 처지의 특성 때문에, 그들은 흔히 나쁜 일들이 그들 자신보다는 다른 사람들에게 발생하는 것을 미안스럽게 생각할 것이거나 — 또는, 적어도 — 생각해야 한다. 그런 진술은 그들의 처지로 환원될 수도 있다.

이제부터는 매우 나쁜 일들이 도덕적으로 나쁜 사람들에게 발생하는 다른 유형의 경우를 살펴보자. 그런 경우들도 우리와 관련된 것인데, 그 이유는 도덕적으로 나쁜 사람들에게 일어나는 나쁜 것들이 그들이 당연히 받아야 할 것들과는 비례하지 않기 때문이다. 유대인과 흑인들을 향한 혐오감에 열중하는 신나치들 같은 일단의 인종차별주의자들은 유대인이나 흑인들의 고통이나 죽음에 대해 반가워하지만, 유대인이나 흑인들에게 아주 나쁜 어떤 것도 하지는 않는다. 어느 날 일단의 인종차별주의자들이 버스를 타고 여행을 하다가 도로에서 벗어나 절벽으로 떨어졌다. 적개심이 가득 찬 인종차별주의자들이 당연히 받아야 할 그런 처벌로서의 죽음이었다. 전반적으로 그들이 죽었다는 것은 나쁜 일이다. 유대인들과 흑인들은 그들이 죽은 것에 대해 미안해해야 하는가? 그런 것은 극단적인 듯하다. 유사하게, 어떤 강간자가 처벌을 피하면서 살다가 악한들의 수중에 떨어져 그들에게서 고문을 당하는 경우를 생각해 보자. 그런 경우에 고문이 도덕적으로 금지되어 있음을 우리는 가정할 수 있다. 그러나 그 강간자가 강간했던 그런 여인들은 그런 고문을 당하는 그에게 미안해해야 하는가? 관련된 사람("작인 관련 agent-relative" 요소)에 관한 특수한 사실 때문에, 때때로 어떤 사람은 도덕적으로 나쁜 일들이 다른 사람들에게 발생할 때 미안해하지 않는 것이 가능하다. 신나치주의자와 강간자의 경우에는 두 가지 의미의 미안함(…에 대해 미안해하는 것과, …이 미안스러운 것)이 가능치 않다.

나쁜 일들이 발생했을 때, 때때로 미안해하지 않는 것이 왜 허용될 수 있는지, 또는 행복하기조차 해야 하는지 그리고 때때로 그렇지 않은

지 우리는 여기서 구별할 수 있으며 이해할 수도 있는 듯하다. 9/11 테러리스트들이 뉴욕에 있는 쌍둥이 건물을 공격하는 사건이 발생했을 때, 전 세계의 많은 사람들이 그 사건으로 행복해했다고 말해지기도 했다. 비록 어떤 사람이 그런 사건들에 관해 도덕적으로 행복했다고 할지라도, 그런 행복은 매우 문제성 있는 것으로 여겨질 수 있다. 그런 행복감은 희생자들에게 고통을 안겨 주는 사람들에게 생기는 파멸에 관해 행복해하는 강간피해자들의 것과도 다르다: 9/11의 희생자들은 테러리스트들이나 그 사건에 관해 행복해하는 사람들을 해치려 하지 않았다. 마찬가지로 어떤 아기의 죽음이 당신이 태어난 것의 조건이 아닌 경우, 아기들의 까닭 없는 죽음을 행복해하는 일은 대부분의 경우에는 소름 끼치는 반응으로 여겨진다. 도덕적으로 나쁜 것이, 역설적으로, 도덕성에 의해 증명되는 듯하다는 점에 관해서, 미안해하지 않는 것이나 행복해하기조차 하는 그런 명백한 경우들에 우리들의 초점을 맞출 것이다.

우리가 이제까지 살펴 온 도상(途上)에서 누가 나쁜 일에 대해 행복해할 수 있는가? 나는 옹색한 해석을 선호한다. 우리는 도덕적으로 나쁜 것에 관해 미안해하지 않는 그런 "허용"을 확대하고 싶은 유혹이 있을는지도 모른다: 모든 사람이 신나치주의자들에 관해 화가 나지 않는지, 유대인과 흑인만이 그런지? 모든 사람이 강간범을 비난하지 않는지, 강간범으로 인한 피해자들만이 강간범을 비난하는지? 하지만 여기서 문제시되는 물음은, 실로 우리 모두가, 나쁜 사람들에 대해 반감을 갖지 말고 비난을 하지 말아야 하는가 하는 점이다. 차라리, 우리는 도덕적으로 나쁜 일들이 이런 나쁜 사람들에게 발생할 때는, 유감스러워할 것이 아니라 즐거워할 수도 있을 훨씬 더 문제시되는 사고에 관심을 갖는다. 예컨대, 우리는 그들에게 잘못이 있을 때, 그리고 그들이 당연히 받아야 할 것보다 훨씬 더 고통을 받게 될 때 즐겁게 생각한다. 아마도 여기에 어떤 도덕적인 활동의 여지가 있을지라도(가족 구성원들에게 "허용"을 연장하는 것?), 그리고 이런 생각이 어떻게 해석되어야 하는지에 관해 의문이 있을지라도, 여기서 나는 그런 태도를 너그러이 보아 주는 일은, 나쁜 사람들에 의해 직접적인 희생이나 목표물이었던 사람들에 한정되어야 한다고 생각한다. 아마도 어떤 제한적인 면에서, 우리는 그런 희생이나 목표물이었던 사람들에 대해 미안하게(sorry *for*) 생각하지 않을지도 모르지만, 우리들 대부분은 그들이 아주 부적절하게 피해를 입고 있음에 미안스러워해야(sorry *that*) 한다. 결국, 도덕적으로 나쁜 어떤 것이 발생했다. 어떤 다른 요인이 직관적인 일을 구성하는 부분이 되었을 수도 있었을 것이다: 아마도 이런 면에서 우리로 하여금 반응케 하는 것은 나쁜 녀석들은 그들이 당연히 감수해야 할 것보다 훨씬 더 해를 받아야 하거나 완전히 자유로워야 한다는 믿음인데, 우리는 후자와 같은 견해(자유로워야 한다는 믿음)에 대해서는 분노를 나타내야 한다. "도덕적으로 나쁜 일들이 그런 일들과 관련이 없는 사람들에게 발생할 때, 그런 사람들이 행복해할 것이다"라고 우리가 생각하기도 힘들다. 그처럼 광범위하고도 안이한 부정적 감정은 또한 행동으로 이어질 위험을 일으킨다. 그러나 사람들이 이것에 동의하지 않는 경향이 있을지라도, 그리고 여기서 그 허용을 확장한다 할지라도, 이것은 역설을 해하는 일이 아니라 반대로, 마음에 역설을 더욱 강렬히 호소하게 하려는 것임을 주시하라. 왜냐하면 어떠한 사람도 나쁜 사람을 살해하도록 허용되지 않으나, 모든 사람이(그리고 단지 몇몇 특별히 제한된 범주의 사람들만이) 그런 나쁜 사람이 살해될 때, 행복해하는 것이 허용된다면, 일들은 내가 이제까지 주장해 온 것보다도 훨씬 더 역설적인 것이 된다.

도덕성이 도덕적으로 나쁜 것에 대해 유감을 나타내지 않거나, 행복감까지도 받아들일 수 있다는 나의 주장에 대해 다음과 같은 네 가지 반대가 예견될 수 있다. 첫째, 우리가 미안해하거나 그렇지 않거나를 결정하는 여부가 우리의 능력 하에 있음에 대해 의심하면서, 우리의 능력을 도덕적인 고려를 벗어난 곳에 두는 일이다. 그러나 이것은 그럴듯하지 않다. 여기서 쟁점이 되는 것은 어떤 감정적인 반응이 아니라 어떤 것이 그런 경우임을 유감스러워하는 단지 기본적인 정서이다. 우리는 우리가 어떤 사건에 관해 미안해하는 도덕적인 이유를 지님을 이해할 수 있으며, 우리는 이런 유형의 태도에 영향을 미칠 수 있는 어떤 능력도 지닌다. 더욱이, 이런 비판은 분명히 너무나 성공적이다; 틀림없이 우리는 어린이들을 이유 없이 살해한 사람으로 말미암아 마음이 아프지 않은 사람이나, 늙은 불교 신자나 이슬람교를 믿는 사람들이 가득 탄 배가 침몰하여 그들 모두가 물에 빠져 죽었음을 알았을 때 행복해하는 사람들은(제정신을 지닌 사람이라면) 도덕적으로 결함이 있다고 말하고 싶어 할 것이다. 도덕성은 사람들로 하여금 그들이 도덕적으로 받아들일 수 없는 감정을 지닐 때, 그들의 행동을 절제하려는 데 있다. 그러나 이것은 어떤 일들에 관해 행복해하는 것이 도덕적으로 부적절하다(또는 더 나쁘다)는 점을 흐리게 하는 것이 아니다.

둘째, 우리들의 감정이 깃든 시각과 편견을 지닌 특성은 나의 주장을 "대수롭지 않은 것"으로 만들면서 앞으로 계속 나아갈 수 있게 한다. 결국, 우리는 전형적으로 우리와 가까운 것들에 대해 좀 더 배려하도록 되어 있으며, 우리의 감정은 비인간적인 가치를 추구하지 않도록 한다. 사람들이 자기들이 키우던 애완동물의 죽음 때문에 슬퍼하는 것은 당연한 일이며, 상실(잃음)에 따른 도덕적인 비중에 비례해 도덕성은 그런 슬픔을 허용한다. 하지만, 아주 다른 일도 있다. 이번 장에서 논점을 이루는 것은 무가치한 죽음이나 고통처럼, 도덕적으로 나쁘거나 잘못된 어떤 것의 발생에 대해 전혀 미안해하지 않는(또는 행복해하기조차 하는) 바로 그런 생각들에 관한 것이다. 도덕성에 분명히 대비되는 데도, 도덕성은 이것을 허용한다는 점인데, 그런 점은 확실히 놀라운 일이다.

셋째, 내가 제기한 경우들은 단지 행위자 중심 우선성(agent-centered priority)과 행위자 중심 허용성(agent-centered permission)에 관해 잘 알려진 생각만 제시한다고 생각할 수도 있다. 예컨대, 어떤 배가 운행하는 중에 전복된다면, 비록 우리가 낯선 사람들을 상당수 구할 수 있을지라도(객관적으로는 이렇게 하는 것이 더 나은 사태를 가져오는데), 그 대신 우리는 우리가 사랑하는 사람들을 우선 구하는 것이 인정된다. 하지만 이에 대한 반대는, 예들의 특성을 잘못 감정하고 있다는 점이다: 우리는 아기(태어나자마자 곧 죽은)나 신나치주의자(그들이 탑승한 버스가 절벽에서 떨어진)를 죽이도록 허용되어 있지 않다. 엉터리사격에서 우리는 우리 자신을 보호하기 위해, 사격선 안으로 두 명의 구경꾼들을 밀쳐 넣도록 허용되어 있지 않다. 도덕성은 이런 죽음을 야기하도록 우리를 허용하지 않는다(우리가 사랑하는 사람을 구해야 하기 때문에, 낯선 사람의 죽음을 방지하지 못하는 것이 우리에게 허용되는 것처럼 말이다). 하지만 아기나, 신나치주의자나, 불운한 보행자의 죽음에 관해 미안해하지 않는 것이 도덕적으로 잘못이 아님을 나는 주장해 왔다. 이런 명백한 사실 — 도덕성은 사람들로 하여금 행하도록 허용되지 않은 나쁜 어떤 것에 대해 그들로 하여금 행복해하도록 인정하는 것 — 이 우리가 직면한 난처한 일의 중심에 놓여 있다.

마지막으로 도덕적인 진실성이 나의 결론을 배제하는 주장이 될 수도 있다. 만일 우리가 도덕성에 전념한다면 우리는 내가 제시했던 유형의 경우들에 대해 미안해해야 한다; 우리들의 태도는 도덕적인 판단을 추적해야 하는 것이었다. 나쁜 사람들의 행위에 대해 적절한 반응을 예측하지 않고 도덕성에 관해 언급하는 것은 위선적인 탈쓰기일 뿐이다. 그러나 이런 절대주의자들의 견해는 너무나 강한 듯하다. 내가 제시한 예들은, 도덕적인 사람들에게서조차도, 슬픔에 대한 도덕적인 예측을 제한하기 위해, 설득력 있는 경우를 만드는 데 있다. 사람들이 슬픔을 느끼는 것을 합리적으로 예측할 수 없을 때(적어도 슬픔은 전반적으로, '…을 슬퍼한다' 이다), 슬픔을 청하는 것 그 자체는 위선적인 탈쓰기일 뿐이다.

나쁜 일들은, 착하고 죄가 없는 사람들에게조차도 발생한다. 흔히 나쁜 사태가 전반적으로 우세하다. 사람들은 다른 사람들에 의해 도덕적으로 부당한 취급을 당한다. 그러나 미안해하지 않는 것이 옳을 수도 있다. 나아가 우리는 행복해하도록 허용될 수조차 있다. 도덕성은 도덕적으로 나쁜 일들이 발생할 때 선한 사람들이 언제나 미안해하는 것을 요청하지 않는 듯하다. 어떻게 이것이 그럴 수 있는지, 언제 우리가 미안해해야 하며, 언제 우리가 그렇게 해야 하지 않는지, 언제 비탄의 감소가 도덕적으로 나쁜 사람들에 관한 행복으로 향하게 되는지 참으로 어렵고도 중요한 물음들이다. 우리는 이제까지 이런 문제들을 탐구하기 시작해 왔지만, 더 나아간 탐구를 기다려야 한다. 우리들이 지닌 감정은 도덕적인 행동을 형성하는 데에나, 도덕성의 요구와 더불어 사는 데 큰 문제가 된다. 슬픔의 결여와 다른 사람들의 불운에 대한 행복은 분명히 노예제도, 경제적인 압박, 반유대주의, 난폭한 종교적·민족주의적 정복처럼, 역사에서 악을 가져온다. 다른 사람들의 불운에서 그런 행복감을 느끼는 것에 반대하는 노력이 도덕성에서는 중요하다. 하지만 우리가 발견한 어떤 경우들에서는, 그와 같은 슬픔의 결여와 그런 일에 행복해하기조차 하는 것이 도덕성에 의해 입증되기도 한다.

7

선택-평등주의와 기선(基線)의 역설
Choice-Egalitarianism and the Paradox of the Baseline

만일 사람들이 그들이 처한 상황 속에서 불평등으로 인해 불이익을 당하면 공정치 못하다. 그러나 내가 선택한 것에 관한 대가로 어떤 사람이 벌을 받게끔 내가 요구하는 것도 마찬가지로 공정치 못하다.

윌 킴릭카, 『현대정치철학 *Contemporary Political Philosophy*』

많은 사람들은 현재의 불평등 수준이 공정하지 못함을 알고, "평등을 찬성하는"(또는 "평등주의") 자세를 옹호한다. 우리는 앞으로 현대의 철학적인 논점을 지배해 온 평등주의가 지닌 장점들을 탐구할 것인데, 그런 평등주의는 "행운의 평등주의" 또는 내가 "선택-평등주의"라고 일컫기를 좋아하는 것이다. 우리는 바로 이런 평등주의에 관해 탐구할 것이다. 선택-평등주의는 자유로운 선택에 중요한 역할을 부여하는 그런 평등주의의 태도이다. 이전의 평등주의 태도들과는 달리, 선택-평등주의는 도덕적인 정당화에서 선택과 책임의 역할에 대해 그 고유한 가치를 더하는 듯하다. 예컨대, 사회적인 재원의 몫에 따라 그 자신이 자유로워지기 때문에 어떤 사람이 좀 더 많은 재원을 요청한다면, 그 이외의 다른 사람들은 그의 그런 선택에 자본을 제공하려 하지 않을 것이다. 만일 그가 고가의 상품을 좋아하는 경향을 드러내거나 위험성이 있는 사업투기에 그의 재원을 계속해서 함부로 쓴다면, 다른 사람들은 그의 무책임성에 대해 셈을 치를 필요를 느끼지 않을 것이다. 선택-평 등주의는 또한 다소간 시장경제나, 공개적이고 다양한 선택을 통해 개 인의 자아개발이 가능한 그런 사회와 양립가능한 듯하다. 평등, 선택, 책임, 효능 사이에 나타나는 그런 가치의 공동상승작용에 관한 기대가 나에게는 매력적이다. 내가 일관성 있게 선택-평등주의를 고수하는 것 이 이런 점을 함축함을 파악하기 시작하게 되면 말이다.

선택-평등주의에 관한 기본적인 생각은 이렇다. 우리는 여러 측면 들에서 평등과 불평등을 도덕적으로 평가할 수 있다; 소득, 일정한 재 화의 존재, 복지(참살이, well being) 등등에서 말이다. 이런 것들을 요 인들이라 하자. 우리가 평가하고 있는 관련 요인들이 그 무엇이라 할지 라도 평등주의의 기선(基線)이 되는 것은 평등이다; 우리들의 평가는, 규범적으로, 사람들이 그 기선을 받아들이지 않는 것이 정당화될 수 없 는 한, 사람들마다 그 기선을 받아들여야 함을 가정함으로써 출발한다. 선택-평등주의에서 어떤 사람이 그 기선을 받아들이지 않아도 되는 유 일한 정당화는 그 사람의 자유로운 선택에 의존한다. 예컨대 수업료를 지불하지 않고도 어떤 형태의 고등교육에 접근할 수 있을 때, 사람들은 대학에 진학하지 않는 것도 자유롭게 선택할 수 있다. 공부하는 것을 좋아하지 않기 때문에 대학에 진학하지 않는 사람은 대학교육을 받지 않고 생활하게 된다. 선택-평등주의자는 이런 결과에 대해 이의를 제 기할 여지가 없다. 왜냐하면 그런 일은 그 사람의 자유로운 선택으로부 터 자연스럽게 귀결되기 때문이다.

선택-평등주의에 관해 도움이 되는 설명으로는, 평등주의자들은 "이익에 접근하는 수단이 되는 그런 평등"을 위해 노력해야 한다는 코 헨의 견해(Cohen 1989)를 들 수 있다. 사실상 불평등이 정당화될 수 있는 유일한 방법은 자유로운 선택을 통해서이므로, "순수한 선택"으로 부터 귀결되지 않는 불평등은 도덕적으로 문제가 된다; 사람들에게 불리한 정의롭지 못한 임의의 방법에 기인한 문제이기 때문이라는 점이다. 코헨은 다음과 같이 서술하고 있다; "평등주의자들이 추구하는 중요한 목표는 분배와 관련된 비인간적인 행운의 영향을 없애는 데 있다 … 비인간적인 행운은 평등의 적이며, 진정한 선택의 결과는 비인간적인 행운과는 대비를 이루므로, 진정한 선택은 용인될 수 없는 불평등을 제거한다."(931면) 선택-평등주의의 핵심에서 나타나는 어려움은 다른 선택-평등주의자의 경우와 마찬가지로 코헨의 처지와 관련을 맺는 데서 발생한다(예컨대, Arneson 1989를 참조할 것, 그러나 또한 Arneson 2000; Rakowski 1991; Temkin 2003도 참조할 것).

선택-평등주의와 더불어 나타나는 잠재적인 어려움 가운데 가장 분명한 것은, 자유로운 선택이라는 개념에 있다. 그래서 자유의지문제와 관련된 복잡성이 선택-평등주의자들에게는 매우 중대하다(Smilansky 1997a; 2000: 5장, 6.3절을 참조할 것). 그다음 두 번째 어려움은 그런 요인들에 관한 것이다. 만일 그런 요인이 무자격보험(disability insurance)과 같다면, 그 요인을 다른 것과 똑같게 하는 것은 아마도 좀 미심쩍은 것이 된다. 그러나 만일 우리가 사람들마다 행복해야 함을 말한다면 더 심각한 어려움이 발생한다(예컨대 Smilansky 1995b를 참조할 것). 예컨대, 행복은 흔히 사람들이 좋아하는 생활에 의존하지만, 사람들마다 좋아하는 생활이 서로 같도록 시도하는 것은 본래부터 의문시된다. 나는 여기서, 선택-평등주의는 고찰할 필요가 있는 요인들에 관한 기본적인 개념들에 대해서도, 자유로운 선택에 관한 기본적인 개념들에 대해서도 모두 다 뜻이 충분히 통할 수 있게 한다고 생각한다. 내가 숙고하고 싶은 선택-평등주의에 대한 다른 문제제기는, 기선에 관한 생각이 그 이론에서 작용하는 방법의 함축성에 관한 것이다.

본래부터 기선(其線)이라는 생각이 의심스런 것은 아니다. 기선은 평등주의 이외의 다른 많은 논제들을 숙고하는 데도 사용된다. 우리는 기선을 도움이 되는 어떤 규범적인 도구로만 생각할 수도 있다. 기선은 여러 형태로 나타난다. 기선은 중앙에 있을 수 있으며, 어떤 사람은 기선 아래에 있거나, 기선 위에 있을 수 있는데, 상반된 이유로 두 경우 모두에게 다 부적절하다: 덕이란 두 극단적인 것의 중간에 놓여 있다는 아리스토텔레스의 생각이 그런 하나의 예이다. 때때로 기선은 낮아서, 사람들은 아래로부터 위쪽으로만 움직일 수 있게끔 하는 것일 수도 있다. 지원자가 하는 일은 그 사람의 도덕적인 의무라기보다는 임의적이어서, 지원을 위한 기선은 지원이 아니다: 만일 어떤 사람이 좋은 원인을 제공하기 위해 지원한다면 그 사람은 기선 위에 있는 것인 반면에, 그 사람이 지원자가 아니라면, 그 사람은 기선 아래에 있는 것이 된다. 종종 기선은 꼭대기에 있기도 한다. 꼭대기에서는 정당화가 필요하지 않다: "위"는 불가능하며, "아래"는 정당화를 요청한다. 유죄로 판명될 때까지는 무죄로 여겨져야 한다고 우리가 말할 때는, 우리는 이런 식으로 기선으로서의 무죄를 사용하는 것이 된다. 대부분의 인권에 관해서도 유사하다: 우리가 인권을 폐지한다면, 어떤 기본적인 자유가 강력한 정당화를 요하는 기선을 구성하게 된다.

평등주의에서는, 평등성이 규범적인 기선이며, 이런 기선으로부터의 일탈(逸脫)은 그 정당화를 요한다. 정의는 사람들 사이에 비교에 의한 것이다. 왜냐하면 우리는 관련된 측면에서 사람들을 비교하며, 그들 사이에 불평등도 정당화를 필요로 한다. 예컨대, 어떤 사람이 다른 사람들보다 불평등함에 대해, 그 불평등성을 수용할 수 있는 유일한 정당화는 그 사람이 그것을 자유롭게 선택했을 경우라고 선택-평등주의에서는 덧붙여 말한다(기선이라는 개념이 이 맥락에서 작용되는 방법에 관해서는 Smilansky 1996a, 1996b를 참조할 것).

좀 더 정확하게, 만일 A가 F라는 요인이 부족하여 B보다 형편이 더 나빠진다면, 선택-평등주의는 A가 F라는 요인을 갖춰 B처럼 살기 좋은 기회를 갖기를 요구한다. 그런데 A는 그의 자유선택에 의해 그런 요인을 갖추지 않기 때문에 형편이 좋지 않다.

소득에 관해 고찰해 보자. 선택-평등주의에 따르면, 불평등을 평가하기 위한 규범적인 기선은 무엇인가? 첫 번째 접근은 다음과 같다: 어떤 사람이 소유하는 최고수준의 소득, 이것을 최상의 소득이라 일컫자. 그 소득이 무엇이든, 선택-평등주의는 어떤 소정의 사람에 의한 자유선택이 그 사람으로 하여금 더 적은 소득을 지니게 하지 않는 한, 사람마다 동일한 소득을 지녀야 한다고 주장한다. 논증의 여지가 있기는 하지만, 이처럼 기선은 훨씬 더 높은 데 위치한다. 아마도 선택-평등주의를 위한 기선은 높은 소득을 올릴 수 있는 그런 사람들의 소득 수준이다. 만일 그런 사람들이 최고의 소득을 지닐 수 있는 지위에서 가능한 열심히 일하기로 결심한다면 말이다. 이것을 최고로 가능한 소득이라 부르자.

여기에 우리가 최고의 소득뿐만 아니라 최고로 가능한 소득에 관해 숙고하는 이유가 있게 된다. 맥시(Maxi)는 공개시장에서 그녀가 택한 경력을 활용할 행운을 갖게 되었지만, 단지 반나절 노동(half-time)만 하기로 결정된 경우를 가정해 보자. 그렇게 되면 그녀는 그녀의 잠재가능성 가운데 단지 반만 일하고 돈을 벌게 된다. 반면에 미니(Mini)는 돈을 아주 많이 벌 수 없다. 미니는 그녀가 통제할 수 있는 능력을 벗어나 있기 때문에(능력이 없으므로) 확실히 맥시만큼은 벌 수 없다. 선택-평등주의에 따르면, 사회는 미니가 맥시만큼 돈을 벌 수 있도록 미니의 소득을 위로 끌어올려야 한다. 그렇지 않으면 미니는 훨씬 적은 돈벌이를 할 것이며, 이런 일은 그녀의 자유선택만으로는 정당화되지 않을 것이다. 그러나 미니가 맥시만큼 돈을 벌 수 있다 할지라도, 미니는 반나절 노동만 원한다고 할 수는 없다; 그녀는 가능한 돈벌이를 현실화시키려 할 수도 있다. 바로 이 점이 그녀가 하려는 것이라 가정해 보자. 만일 우리가 단지 최고의 소득만을 우리들의 기선으로 사용한다면, 우리는 미니와 맥시의 돈벌이들 사이에 존재하는 불균형을 소홀히 하는 일이며, 이런 일은 어떤 면에서는 미니가 한 자유선택의 귀결도 아니다. 그러므로 최고로 가능한 소득이 선택-평등주의가 요청하는 그런 기선인 듯하다. 하지만 최고의 소득일지라도 그런 역설을 드러나게 하는 데는 족하다.

이제부터는 세상에서 거의 완전하게 무능력한 일단의 사람들을 고찰해 보자: 그들이 아무리 열심히 일해도, 그들의 동기가 아무리 적극적이고 그들의 노력이 꾸준하다 해도, 그들은 어떤 유형의 재화들을 얻을 수 없다고 하자. 예컨대, 그들은 너무나 무능해서 시장경제 내에서 활동하는 어떠한 사람도 그들을 고용하고 싶은 최소한의 관심도 없다. 그러므로 이런 사람들은 자본주의 하에서는 어떤 종류의 소득도 발생시킬 수 없다. 이런 사람들을 무능한 사람들(Non-Effectives. NEs)이라 부르자.

이런 단계에서 역설은 충격적이다. 선택-평등주의에 따르면, 무능한 사람은 최상의 소득이나 최상의 잠재적인 소득에 속하는 그런 기선을 얻어야 한다. 왜냐하면 선택-평등주의에서의 기본적인 도덕적 함축은 어떠한 사람도 무능한 사람보다 더 높은 소득을 올릴 수 없기 때문이다. 왜냐하면 만일 어떤 사람이 더 높은 소득을 올린다면, 이런 불평등성은 형편이 나쁜 무능한 사람들(NE가 무엇인지에 관해 정의함으로써)의 자유로운 선택에 의해서는 정당화될 수 없기 때문이다. 그러므로 선택-평등주의를 위한, 소득에 의한 사회질서(또는 재원이나 복지나 어느 요인들이나 선택-평등주의 하에서는 같을 수 있다)는 최고로 무능한 사람들에서 찾아야 할 것이다. 왜냐하면 그들은 영구적으로 그리고 무조건적으로 기선에 "고착"되어 있기 때문이다. 무능한 사람이 아닌 사람들(Non-NEs 곧, 유능한 사람)은 일을 덜 자유롭게 선택하거나, 그들의 소득을 더 끌어올리는 능력을 계발하지 않음으로써, 그 이외의 다른 자유선택에 의해 최고수준의 소득에 못 미치게 됨에 따라 점차 점점 더 소득이 적어질 것이다.

선택-평등주의는 자유로운 사회와 시장경제를 수용할 수 있는 실행가능한 어떤 처지를 약속해 준다. 그러나 일단 우리가 그런 기선이 얼마나 높아야 하는지를 알게 되자마자, 그리고 사람들이 그런 기선을 어디에 관련시킬지 결정하는 데 특이한 역할을 할 그런 선택을 이해하자마자, "실행가능한 평등주의"를 향한 그런 희망은, 선택-평등주의 하의 공정한 사회질서가 지닌 다음의 특성들이 분명히 말해 주듯, 잘못된 것으로 여겨질 수 있다.

1. 어떤 관련된 요인(예컨대, 최고의 소득과 최대의 재원)을 소지함에 의해, 최고의 위치에 있는 사람들은 무능한 사람이다. 어떠한 사람도 무능한 사람보다 더 높은 소득이나 더 많은 재원을 지니지는 못할 것이다. 무능한 사람들이 받아들이는 기선은 그것이 아무리 높다 하더라도 무조건적이다.

2. 무능한 사람들이 받을 높은 소득은, 경제활동이 끝났을 때 최고의 소득(최상의 잠재적인 소득)을 올린 사람의 지표에 의해 계산된다. 최고의 소득을 올린 사람을 "빌 게이츠"(Bill Gates)"라 부르자. 빌

게이츠의 소득은 변하겠지만, 무능한 사람들의 소득은 그의 소득을 따를 것이다.

3. 어떤 사람이 성취로써 다른 사람에게 기여하는 것과, 그 사람이 소득과 재원에 의해 어떤 수준을 점유하는 것 사이에는 어떠한 적절한 관련도 없다: 사실상, 아무것도 기여하지 않는 부류의 사람들이 언제나 그런 척도의 정상에(빌 게이츠와 함께) 있게 된다.

4. 주목할 만한 불평등이 무능한 사람들(그리고 빌 게이츠)이 점유하는 것 아래에 온갖 수준에서 존재할 것이다. 왜냐하면 대부분의 유능한 사람들(일을 열심히 하면 기여도 하고 돈도 벌 수 있는 가능성을 지닌 사람들)은, 그들의 자유로운 선택에 의해, 기선 뒤로 물러나 있을 것이기 때문이다.(표 7.1을 참조할 것)

5. 유능한 사람들은 무능한 사람들(좀 작은 범위로서는 일부 무능한 사람들 등등)의 소득을 재정적으로 마련해 줘야 할 것이다. 그러나 무능한 사람들이 자동적으로 지닐 그런 기선 높이처럼 높게 도달할 것 같지는 않다.

그렇다면, 여기에 기선의 역설이 있다. 선택-평등주의라는 점에서, 무능한 사람들은 틀림없이 필연적으로 최고의 소득(또는 최고의 잠재적인 소득)을 올리고 있음에 반하여, 유능한 사람들은 그들이 평생 동안 노력하고 기여했음에도, 훨씬 기선 아래에 있기 쉽다. 선택-평등주의는 모든 무능한 사람들을 빌 게이츠처럼 표시하는(또는 사람들이 최고로 가능한 잠재적인 돈벌이를 하게 되면 그들의 소득이 도달하게 되는) 반면에, 힘들여 일하는 유능한 사람들은 그것에 가까울 것 같지가 않다. 선택-평등주의는 그런 일이 어떤 것과 같은지를 무능한 사람들에게 제공할 수 없으며, 동시에 열심히 일하는 유능한 사람들에게는 비교

최고의 잠재적인 소득? **기선** 최고의 소득?	빌 게이츠와 모든 무능한 자	
	유능한 사람	
	유능한 사람	
	유능한 사람	
	유능한 사람	
	유능한 사람	
	유능한 사람	
	유능한 사람	

표 7.1 선택-평등주의에 따른 세계

에 의한 정의만을 제공한다는 것을 이 점은 뜻한다. 그런 것은 평등주의자들의 처지가 다른 사람들에게 여전히 매력적일지의 여부에 관한 쟁점에 어떻게 영향을 미칠지에 관한 물음에 개의치 않고, 평등주의자들을 난처하게 하는 일이다.

빌 게이츠처럼 높은 소득을 올리는 그런 무능한 사람들은 도덕과 양립할 수 없다는 견해로 말미암은 책무 때문에, 무능한 사람과 유능한 사람 사이에는 합리적인 관계를 유지할 필요가 있다. 그런데 이런 두 가지 요구는 상호모순적이다. 더욱이, 선택-평등주의는 선택하는 능력을 난처하게 만드는 견해다. 왜냐하면 그것은 자기의 소득을 끌어올릴 수 있는 그런 선택을 할 위치에 있는 사람들이나 다른 사람들의 복지에 기여할 능력이 있는 그런 위치에 있는 사람들이, 그런 선택을 할 수 없는 사람들에 의해 무조건적으로 점유되는 그런 수준 아래로 떨어지기 쉽다는 결론에 이르게 되기 때문이다.

이런 관점은 불합리스럽기도 하고 도덕적으로 불쾌하기도 하다. 이런 관점이(또는 그것에 접근하는 어떤 견해가) 자유로운 현대사회에 적용될 수 있다는 기대를 우리가 호의적으로 받아들인다는 것은 불가능하다.

편협하게 파악된 소득이나 재원을 넘어 관련된 것으로 여겨지는 요소들로 확대한다면, 관심문제들은 훨씬 더 놀라운 일로 된다. 예컨대, 행복이나 명예도 대등한 요인들이라면, 절망적인 사람이나 존경을 받지 못하는 사람이 하는 자유로운 선택 때문에(Smilansky, 1995b 참조), 선택-평등주의에 따라 어떤 사람이 성취하거나 기여하는 것이 무엇이든, 어떠한 사람도(선택-평등주의에 따라) 최대 절망보다 행복하도록 허용될 수 없을 것이며, 최소로 존경을 받는 사람보다 더 존경을 받는 사람도 없을 것이다. 그래서 리페르트 라스무센(Kasper Lippert-Rasmussen 2004)은 소득이나 재원보다도 복지에 그 초점을 맞춤으로써 역설의 효과를 약화시키려 한다. 왜냐하면 복지를 향한 능력에서 보면, 어떠한 사람도 엄격히는 "무능력한 사람"이기 때문이다. 그러나 내가 응답하면서 주장하였듯이(Smilansky 2004), 대체로 그런 방식을 택하는 것은 평등주의를 더욱 악화시키는 일이 된다. 그렇게 되면, 그런 보상을 향한 욕구는 소득을 통해서도 중지되지 않을 것이다(빌 게이츠의 소득조차도); 그런 욕구는 흔히 무한대로 좋은 그런 것이 될 것이다. 소득이나 재원과 같은 표준적인 요인들에 의해 이런 일들을 생각하는 것이 최상이다.

　두 개의 답변이 역설에 유용할 듯하다. 첫째, 선택-평등주의에서는 아마도 내가 그런 역설에 도달하면서 사용했던 것과 같은 "정상" 기선(top baseline)을 사용할 필요가 없다. 예컨대, "중간" 기선(middle baseline) 사용은 왜 안 되는가? 이것은 모든 시민들에 속하는 어떤 적정수준의 소득이나 재원에 해당한다. 자유로운 선택에 의해(말하자면, 일하지 않겠다고 결정함으로써), 그들은 그런 소득이나 재원을 잃거나, 그 이상에 수준에 이를 수 있다(말하자면 시간을 초과하여 일을 함으로써). 그런 "중간" 기선과 함께하는 사회질서는 평등주의 감성을 지닌 사람들에게는 매력적일 것이며, 그런 사람들 가운데 유능한 사람들의 소득과 재원은 그들의 선택에 의존하는 반면에, 무능한 사람들(경쟁을 할 수 없어 기선 아래로 떨어질 수 없는 사람들)의 소득과 재원은 그들이 갖춘 열악한 조건에도 불구하고 꽤 고도의 기선에 서 있게 될 것이다. 물론, 이것보다 더 악화된 결말도 나타날 것이다. 그렇다 하더라도, 이런 중간 기선 제안도 선택-평등주의라는 견지에서는 부적절하다. 만일 우리가 선택-평등주의를 진지하게 선택한다면, 관련된 요인들에 의해 다른 어떤 사람들보다 덜 유복한 사람들은 첫 번째 사람의 자유선택을 통해서만 납득할 필요가 있다(그렇지 않으면, 사람들의 통제를 벗어난 자유로운 선택이 아닌 그런 도덕상 임의의 힘들이, 사람들이 취하는 것을 결정한다). 그러나 이렇게 명백히 하는 것도 "중간 기선 세계"에서 추구하는 그런 경우는 아닐 것이다. 여기에 어떤 사람들은 무능한 자보다 아주 더 잘 사는 반면에, 무능한 사람들은 훨씬 더 높은 수준에 이르는 선택을 하지 못할 것이다. 그러므로 오직 정상 기선(頂上基線)만이 선택-평등주의라는 심원한 직관에 속하는 그런 정의이다.[1]

　둘째, 선택-평등주의는 아마도 그런 역설을 받아들일 수는 있지만,

사회적·경제적인 일들을 사회가 어떻게 조정할지에 관한 완전한 설명으로 자기들의 견해가 제시되지는 않았음을 주장함으로써, 역설의 효과를 약화시키기도 한다. 이것은 눈에 띌 만한 조치이며, 선택-평등주의자들은 실로 이런 식으로 그들이 하는 제안의 범위를 제한해 왔다. 그러나 이런 것이 기선의 역설에 맞서는 방법일 수는 없다. 기선의 역설은 선택-평등주의 구조에 속하는 어떤 최저한의 특성이나, 사회정책 내에서 그런 특성을 충분히 보완하는 데서 발현하는 어떤 특성을 위협하지 않는다. 반대로, 기선의 역설은 선택-평등주의의 기본적인 윤리 구조로부터 당연히 귀결되며, 그 역설은 그것에 기초한 사회질서를 구축한다. 그것(기선의 역설)이 가하는 그런 위협은 기본적이다.

. . . . 주 . . . .

1. 탈 매노(Tal Manor 2005)는 선택-평등주의에 반대해서, 나의 간접 증명법을 옹호해 왔다. 하지만 그는 평범한 사람과 그 기선 사이에 틈새가 충분히 넓어지게 될 때, 거의 모든 사람들이 상대적으로나 부분적으로 무능력한 사람이 됨을 주장해 왔다. 거의 모든 사람들을 빌 게이츠에게 그 수준을 맞추는 일은, 게이츠의 소득을 아주 낮추는 것을 뜻하며, 그것에 의해 강한 평등주의의 성과를 산출한다. 나는 2005년에 발표한 논문(Smilansky 2005d)에서, 오늘날까지도 이상적인 선택-평등주의 사회에 외로이 남겨지게 되었음을 주장했다. 서구 사회에 사는 대부분의 사람들은 무능력한 사람들이 아니며, 빌 게이츠를 가리킬 필요도 없다. 왜냐하면 그들은 실천에 옮기지는 않았지만 상당한 힘을 지니고 있기 때문이다. 이와 같이 무능

한 사람들을 빌 게이츠 수준으로 맞추는 것은 어리석은 일이며, 무능한 사람이 아님을 나타내기 위해 요청되는 이상한 예들도 그런 어리석음을 감소시키기보다는 증대시킨다.

8 도덕성과 도덕적인 가치

Morality and Moral Worth

그리고 도덕적인 생활을 향한 하나의 전쟁이 있는데, 최상의 군대는 일종의 우주적인 애국주의다.

윌리엄 제임스, "논제의 주변Circumscription of the Topic"

대부분의 사람들이 도덕적으로 좋은 관계를 유지할 수 있도록 사회 환경이 갖추어져 있다면, 이것은 좋은 일인가? 이런 질문은 바보스런 것이 아니다: 몇몇 서구 민주사회는 오늘날 도덕성이 짐이 되지 않는 그런 상황에 접근해 가고 있는 듯하다. 그런데도 우리가 "그렇다"라고 말해야 하는지 아주 분명하지는 않다. 다행스런 불운(Fortunate Misfortune)에서처럼 나쁜 일들이 항상 그저 나쁜 것만은 아니다. 이런 질문은 또한 실질적이고 이론적인 흥미를 그 속에 담고 있다. 그렇기 때문에 그런 것을 탐구하는 일이 도덕성과 도덕적인 가치 사이에 있는 역설적인 관계를 이해하도록 우리를 도울 수 있다.

나는 좁은 의미에서의 "도덕성"을, 다른 사람들을 향한 어떤 사람의 행동과 관련된 속박과 의무체계라는 뜻으로 파악하는 중이다; 나는 여기서 자기 자신을 향한 의무라는 그런 생각으로 살피려 하지 않는다. 윤리와 정치적인 문제에 관해 최근에 이루어지는 대부분의 철학적인 논의는, 이런 점에서, 도덕성이란 사람들에게 영향을 주어야 한다는 그런 요구에 한정하려 한다. 나는 한정된 윤리적인 요구 이상은 필요로 하지 않는 어떤 사태들을 우리가 취해야 한다는 그런 마음가짐에 관해, 아주 다른 물음을 제기한다.

도덕성에 관한 두 가지 견해들

도덕성에 관한 일반적인 견해 가운데 아주 신기한 일은 그런 견해들이 지니는 극도로 상반된 모습이다: 많은 사람들은 칭찬받을 만한 도덕적인 행동의 근거로 도덕성을 소중하게 여기는 반면에, 다른 많은 사람들은 그것을 가벼이 여긴다.

　찬미하는 견해는 도덕적인 행동을 문명의 최고 성취로서 간주한다. 다른 종(種)들보다 인간의 우월성을 나타내는 품질증명이라든가, 다른 것들과 비교되는 사람의 가치측정 등등을 열거하면서 말이다. 사람들이 도덕적으로 행위할 때, 특히 그들이 자신을 위해 도덕적인 규범을 따를 때, 그리고 자신의 이익을 희생시킬 때, 그들은 대체로 찬미를 받을 만한 가치가 있다고 일컬어진다. 도덕성에 관한 많은 것들이 그렇듯이, 이런 관념을 나타내는 가장 강한 표현이 칸트(Kant 1986: 60)에게서 발견되지만, 그런 태도가 칸트나 칸트를 따르는 사람들의 사상에만 한정된 것은 아니다. 공리주의자들도, 참된 도덕적인 행위는 인간들에게 큰 가치를 부여한다는 광범위하게 공유된 견해를 주장한다. 사람들이 필요로 하는 상황 속에서 도덕적으로 행위할 때 특히 그렇다는 점이다(예를 들어, Kagan 1989: 10장).

　도덕적인 행동에 의해 성취할 수 있는 그런 가치에 관한 설명은 주관적인 구성요인들(행위자가 어떻게 자기의 상황을 인지하는지처럼)에 관한 설명과 관련되어 있음을 주목하는 일이 중요하며, 우리는 도덕적인 가치를 지니는 것으로 숙고하려는 것에 관해 어떤 객관적인 표준을 설정해야 한다. 만일 어떤 사소한 도덕적인 유사성에 고도의 도덕적인 가치를 부여하면, 내가 제기하려는 쟁점은 소용이 없을 것이다. 우리가 고도의 도덕적인 가치에 관해 말할 때면, 우리는 도덕적으로 좋은 것을 하기 위해, 우리 스스로를 강하게 하는 일에 관해 언급하는 것이 된다. 비록 도덕성을 따르지 못하게 되는 이기적인 이유들이 있을 때조차도 말이다.

찬미하는 견해에 속하는 몇몇 관점들 가운데 어느 것이 최고의 도덕적인 가치를 부여하는지에 관해서는 의견들 간에 차이가 있다. 비개인적인 "이상적인 관찰자"에 의한 공평한 객관성을 표준으로 택하려는 사람이 있는가 하면, 감성적으로 깊이 관련된 것을 존중하는 사람도 있다. 진정한 도덕의 표지로서 자기 자신의 관심사로부터 초연함을 배려하는 사람이 있는가 하면, 자기 이외의 다른 사람들의 관심사를 포용하는 자아의 확대에 마음을 쏟는 사람도 있다. 참된 도덕적인 고려로서 합리성에 그 초점을 두는 사람이 있는가 하면 도덕성을 적절한 감정에 관한 문제로 파악하는 사람도 있다. 하지만, 이런 모든 처지들에서 공통적인 것은, 사람들이 도덕적으로 행위할 때란, 그들이 찬미할 수 있어야 하며, 신뢰할 만한 형태의 가치는 사람들이 힘든 상황 속에서도 도덕적인 관점에서 행위할 때만 그렇게 된다는 견해다. 도덕적인 행동은, 내가 그것에 관해 말한 것처럼, 도덕적으로 평가할 수 있는 이유들로 말미암아 수행된 그런 행위만 가리킨다.

도덕적 행동에 관해 찬미하는 이런 견해는 놀랍게도 유연성이 있는 것으로 증명되었다. 우리는 상당수의 도덕적인 행동이 이기적인 계산이나, 단순한 순응이나, 심리적인 병리를 반영하는 것으로 인식한다. 그럼에도, 많은 도덕적인 행동은 냉소적인 폄하에 대해서는 저항한다. 많은 사람들은 그들이 두려워하기 때문이 아니라, 그렇게 하는 것이 잘 못이었기 때문에, 다른 사람들로부터 부적절한 이익을 취하지는 않음을 경험하여 왔다. 어떤 사람들은 도덕원칙들을 세우기 위해서나 다른 사람들의 이익을 위해, 희생하여 왔거나 위험을 감수하여 왔다. 이런 사람들은 자존심과 가치의 원천으로 그런 예들을 올바르게 바라볼 수도 있을 것이다. 참여자에게도 관찰자에게도 모두 다 그런 경우가 극심해지면 해질수록 그런 것들은 점점 더 분명해지게 된다. 널리 퍼져 있는 냉담, 공포, 나치당원들에 공감하는 분위기 속에서, 보상에 대한 어떠한 전망도 없이, 조금도 알지 못하는 이방인들을 구하기 위해, 생명의 위험을 무릅쓰고, 독일이 점령했던 유럽지역에서 행해졌던 그런 사람들의 행위를 보고, 사람들은 그냥 냉소적인 채 있을 수는 없었다. 또한 광범위한 마피아의 영향력에 맞서 생명의 위험을 무릅쓰고 대항해 온 용기 있는 남부 이탈리아 사람들에 관해 생각해 보자.

대비되는 것으로, 도덕성을 반대하는 견해는 도덕성을 괴로운 짐으로, 기껏해야 흥미로우면서도 중요한 일들을 추구하는 것을 훼방 놓는 유감스런 사회적인 필요물 정도로 간주한다. 만일 도덕성이 희생을 요구하지 않는다면, 사람들이 내세우는 계획들이 도덕적 요구에 의해 중단되지 않는다면, 엄한 도덕적인 수요를 창출하는 사회적인 요구들이 그런 수요에 단지 제한적으로만 접할 수 있다면, 어떻게 그런 것이 좋은 것일 수 있을까? 여기서 우리는 뚜렷한 견해들을 찾아내는 것이 좋겠다: 예컨대, 사람들이 다른 사람들로부터 최소한의 간섭을 받아야 하는 권리를 강조하는 사람이 있는가 하면, 다양한 삶의 시도나 자기계발의 중요성(J. S. 밀이 뜻하는 자유)과 관련된 가치를 강조하는 사람도 있을 것이다.

하지만 또 어떤 사람들은 — 니체(Nietzsche)와 윌리엄스(Bernard Williams)처럼 — 도덕성을 본래 억제하는, 손상하는, 착취적인 것으로, 요컨대 강압적인 그런 도덕성으로 이해하기도 한다. 그러나 이런 모든 차이점들과 더불어, 결정적인 점은 도덕성이란 그것이 최소한으로 부담 지워질 때, 최고의 것이 된다는 점이다.

도덕성을 찬미하는 견해를 펼치든, 반대하는 견해를 펼치든 매우 풀기 어려운 얽힘이 있다. 만일 우리가 도덕성을 인간성의 절정으로 여긴다면, 도덕성을 근본적으로 성가신 것으로 바라보는 것 대신에 아주 다르게 바라보는 것이 될 것이다. 이런 두 가지 견해들 사이에 나타나는 중요한 차이점은, 우리의 삶이 도덕적인 행동을 요구하는 것에 거의 관련되지 않은 그런 질서 잡힌 사회에 관한 생각을 살펴볼 때 나타난다. 여기에서의 논지는, 사람과 사람 사이에서 언급되는 도덕성은 시들어버린 받아들이기 어려운 생각(Steven Lukes 1985는 이런 가능성을 확고히 거부한다)이라는 것이 아니라, 오히려 도덕성이란 대부분의 사람들이, 현재 그들이 그렇게 생각하듯이, 짐이 되는 힘든 그런 구속일 수는 없다는 점이다.

두 가지 가능한 도덕세계

두 가지 가능한 도덕세계를 서술해 보자. 첫째는:

잘 정리된 최소-도덕성세계
도덕성이 우리의 행동에 제한을 가하는 그런 부담스런 방법으로, 사회적인 협정이나 사회화과정이 통제되어 있다고 가정해 보자. 진실을 말하는 것과 같은, 개인상호관계에 속하는 어떤 기본적으로 요구되는 것들이 남아 있겠지만, 사람들이 최소한이나마 도덕성에 관심을 지닌다면, 법을 준수하는 일상인들은 아주 품위 있는 사람들로 여겨질 수 있을 것이다. 어떠한 별난 속임수도, 도덕적으로 난처한 시도들도 이 세상을 창조하거나 유지하는 데 관련되어 있지는 않다. 우리는 단지 우리가 그렇게 하지 않으면 비극과 죄악을 야기하게 되어, 도덕적인 간섭을 요청하게 될 그런 일들을 더 낫게 하기 위해, 예컨대, 생활조건들을 증진시키기 위해 일상적인 시도를 할 뿐이다. 도덕적인 요구가 넓은 사회환경에 의존하는 한, 일들은 매우 쉽게 좋은 것으로 되게끔 정리된다.

이런 것이 이득이 되는가 아니면 손실이 되는가? 도덕성을 비난하는 견해에 따르면, 도덕성은, 결국, 자유와 행복추구를 제한하며, 게다가 종종 생활을 위협하기도 한다. 만일 우리들 각자가 다른 사람들에게 너무 많이 강요하지 않고, 그리고 너무 많이 그들에 의해 강요당하지 않고 그럭저럭 살아갈 수 있다면, 우리가 무엇을 더 요구할 수 있겠는가? 이런 견해는 도덕적 행동을, 모든 개인들의 선호를 촉진하는 것처럼, 어떤 목적을 성취하기 위한 절차로서 간주한다. 도덕성 외부에서, 그런 목표들이 도덕적인 필요에 의해 상당한 대가를 치르고 성취될 수 있다면, 도덕적 물신숭배(moral fetishism)는 여기서 흠잡힐 것이다. 한층 더 나쁜 것은, 도덕적 행동에 관한 것보다 더 요구되는 것이 목적과 수단 사이에 나타나는 혼란뿐만 아니라, 도덕성을 통해 죄악이나 아첨이나 금욕을 추구하려는 병적인 경향조차도 어쩌면 지시한다는 점이다. 도덕성 존중과 도덕적 성취에 대한 올바른 이해를 계발하려는 사람들에게 어울리는 건전한 실용적인 이유들도 있는데, 이런 관심들이 우리들의 마음을 흩어지게 해서는 안 된다. 합리적으로 숙고하면, 도덕성은 유용하지만 강요를 부과하는 훼방 놓는 도구라면, 그런 도덕성은 물론,

고쳐져야 한다.

　도덕성에 관해 좀 더 찬미하는 견해를 지닌 사람들에게는, 비난하는 견해와 완전히 양립가능한 듯한 앞서 말한 그런 계발의 의미가 좀 더 애매할 것이다. 사람들이 엄격한 도덕적 관심을 지녔음에도 아주 적은 희생적인 생활을 한다면, 어떤 손실이 따르게 될 것이다. 도덕적인 행위를 함에 있어, 사람들이 고도의 가치를 성취하려면, 도덕적인 근심이나 희생이 없는 생활은 비교적 천박하고 보잘것없는 것으로 될 것이기 때문이다. 도덕성에 관해 별로 관심을 두지 않으려는 것은 사람들이 참된 고귀함을 획득하려는 데 대한 위협으로 보여질 수 있다.

　서양에서는 도덕성을 과도하게 강조하는 것은 삶의 질과 계발을 더 악화시키는 것으로 주장되어 왔다. 그러므로 최대의 은혜는 일상적인 도덕성에서 볼 수 있는 구속, 예컨대 덕윤리학(ethics of virtue)에 속하는 것들로부터 자유로워짐으로써 자연히 증가할 수 있다(예를 들어. Williams 1985: 10장). 명백히, 어떤 사람이 극단적으로 손상된 견해를 지닌다면, 그런 사람은 아마도 도덕성이나 도덕적인 행동에서 어떠한 장점도 발견할 수 없을 것이다. 그러나 극단적인 견해들은 우리가 이미 직관적으로 마음에 든 잠재적인 큰 가치를 고려하는 데 실패하기에, 만일 우리가 그런 극단적인 견해들을 제거하게 되면, 도덕성과 관련된 좀 더 절제된 비판은 우리의 논점을 무디게 할 것이다. 그런데 여기서 잠재적인 큰 가치란 이전에 살폈던 직관에 호소하는 그런 것이다. 일상적인 도덕성이 강요하는 것이거나, 그렇지 않으면 해로운 것이라고 사람들이 주장한다 할지라도, 나는 도덕적인 행동만이 제공하는 어떤 특별한 가치가 있다고 단언한다. 일상적인 도덕성에 관한 주장이나 그것이 지닌 전반적인 이점이 여기에서 옹호될 필요는 없다. 나는 단지 가치란, 미적인 유형조차도, 참된(진정한) 도덕적 행동으로부터 발현한다는 설득력 있는 견해에 의존한다. 이런 유형의 가치는 특히 도덕성과 관련된 친숙한 규정에 의존하는 어떤 특이한 존재 방식과 관련되어 있으며, 이제까지와는 다른 특성을 지닌 부가적 내용을 생활에 주입시킴으로써 획득될 수는 없다.

두 번째 가능한 도덕세계는 다음과 같다:

언짢게 정리된, 불필요하게 도덕적으로 요구하는 세계

일상적인 도덕성이 여전히 적절한 것으로 가정하자. 그 이외에 극단적인 도덕적 시도를 요하는 상황을 창조하는 것이 정당화되는지도 가정해 보자. 사람들은 더한 어려움, 고통, 부정을 창조하기를 원할 것이며, 이런 모든 것을 배열하는 일은 쉬운 일이다. 그런 불필요한 불행과 악은 종종 도덕적인 행동을 수정하기 위해 풍부한 기회를 제공하곤 한다.

건전한 도덕성을 지닌 사람들은 받아들일 수 없는, 어처구니없기조차 한 그런 세계를 창안하기 위해 노력하곤 했었다. "삶의 계획"이 어떤 형태의 악을 뿌리 뽑는 일인 사람은 악이 주변에서 점점 더 줄어들지라도, 그의 계획이 위협당하고 있다 하더라도 그런 악을 증진시켜서는 안 된다.

예컨대, 대외적으로 보아 정의롭지 못한 희생 곧, 독자적인 어떠한 도덕적인 욕구도 현실세계에는 존재하지 않는다고 하면서 희생을 요청하는 그런 이념적이거나 종교적인 처지들을 우리는 비판하는 반면에, 많은 도덕적 행동에 들어 있는 내재적인 가치를 인정해야 함을 안다. 그와 같은 이념적이거나 종교적인 처지에는 다음과 같은 세 가지 결점이 있다.

첫째는 규범적이라는 점이다. 그런 처지는 인간에 대한 호의를 남용하면서도, 그렇게 하기 위한 도덕적인 욕구를 정당화하지 않고 인간의 삶을 혼란에 빠뜨리면서, 사람들에게 그런 규범을 불필요하게 강요한다. 이런 이념적이거나 종교적인 처지에서 형성되는 비판은 도덕성을 비난하는 견해 배후에 있는 기본적인 직관과 일치한다. 그런 비판은 엄격한 필연성이 결여된 강압적인 도덕적 요구는 배제되어야 함을 주장하는 것에서 싹트는 것이기도 하다.

두 번째 결점은 경험적이라는 점이다. 그런 이념적이거나 종교적인 처지들은 당연히 도덕적인 희생을 요청하는 사악함 속에서 증가(또는 적어도 감소를 방지)한다. 도덕성에 관해 광범위하게 도움이 되는 견해와는 달리, 그런 처지는 악의 존재를 계속적으로 유지하게 한다. 그러므로 그런 것들을 구성하는 요소는 흔히 좋은 신념을 지니고서 자기들과 싸우는 것을 패하게 한다.

셋째는 개념적이라는 점이다. 그런 처지는 도덕적인 가치를 성취하려는 순수성을 위협한다. 왜냐하면 그런 처지들은 도덕적인 활동의 대상 곧, 인간의 고통을 경감하고, 그릇된 것을 제거하는 일에 그 초점을 맞추지 않기 때문이다. 대신 그런 처지는 도덕성이 중심이 아니라 자기중심적이며(또는 그렇지 않으면 동기부여가 된 것이며), 다른 사람들의 관심과 관련된 도덕적인 가치를 흐리게 한다.

도덕적인 명령을 수행하는 것으로부터 사람들이 얻게 되는 개인적인 만족에 대해서는 어떠한 반대도 필요치 않다. 도덕성은 좋은 일을 하는 것에 행복해하는 사람들의 기대를 환영한다. 동시에 도덕적인 행동의 가치는 도덕적 행위자들이 자신을 넘어, 참된 도덕적인 욕구에 관심을 두는 일들에 초점을 맞추는 것을 요청한다. 이런 일들이 도덕적인 행위를 필요로 하는 일들이다. 그리고 그런 것으로부터 사람들은 도덕적인 가치를 획득할 수 있다.

논점의 실재성

잘 정리된 최소·도덕성세계는 우리들에게는 거의 관련이 없는 하나의 단순한 사고실험으로 보일 수도 있겠지만, 그러나 그렇지 않다. 장기간에 걸친 사회발전에 관해 그 일반화를 시도하는 일은 위험하지만, 사람들은 개인에게 도덕성을 요구하는 것이 어떻게 필요한지 진취적인 측면에 한정하면서, 민주화와 현대화에 속하는 중요한 추진력으로 이해한다. 일들이란 확실히 뒤집을 수 없는 그런 것만은 아니다: 새롭고 치료할 수 없는 유행병이나 어떤 서양 국가에서 국가사회주의 정당의 힘이 상승하는 것이 배제될 수 없듯이, 폭력행위와 전쟁의 위협이 그런 상황을 바꿀 수도 있다. 그러나 그런데도 도덕성을 통한 민주화와 현대화를 향한 경향은 분명하다. 많은 선진사회들이 도달하려는 것이 바로 그런 것이다. 그리고 그런 사회들 가운데 몇몇은 그런 조건들에 접근하는 것 같기도 하다. 민주적으로 설명될 수 있는 정부를 세우는 일, 법의 지배 하에서 인권을 방어하는 일, 사회보장제도에 의한 다세대가족의 대체, 의약의 발달과 농산물 수확의 증가, 군대 징집 폐지 확정, 극단적인 가난이나 박해나 부정의 전반적인 감소 — 이런 모든 것이 우리의 삶에서 압제적인 도덕적 요구에 속하는 역할을 감소시켜 왔으며, 도덕적 영웅주의를 향한 욕구도 대부분 제거하여 왔다. 사악한 것을 할 가능성은 여전히 남아 있다. — 사람들은 어린이들을 여전히 괴롭힌다. 그러나 덴마크나 뉴질랜드와 같은 사회에서는, 어떠한 사람도 도덕성으로 인한 필요이상의 부담 없이 일반적으로 잘 지낼 수 있다. 개인의 생존에서 겪게 되는 불확실성에 관해서도, 사회의 악에 대적할 필요성에서도 그렇다.

이런 경향에서 의의 있는 주된 예외는 제3세계의 비참한 처지와 관련된다. 이런 쟁점에 관해, 극단적인 공리주의자가 취하는 처지가 서구 사람들을 위해서는 한결같이 매우 요구되는 그런 것이다. 이런 극단적인 처지는 제3세계에 대해, 서구인이 지니는 도덕적인 의무감에서 당연히 귀결된다. 가난하지 않은 서구인들은, 그들 이외의 사람들의 의무까지도 져야 한다는 믿음을 지니면서 말이다.

양쪽의 입장이 논쟁거리가 될 수 있다. 그러나 제3세계에 있는 가난한 사람들이 비참한 처지를 벗어나게 할 강한 의무가 서구인들에게 있다 할지라도, 이런 의무는 사실상 서구의 개인들에게 큰 부담을 주지 않고도 실행될 수 있다. 서구의 국가들에서 세금이 어느 정도 오르게 되면, 그것에 의해 제3세계에 있는 가난한 어떤 사람들이 감당하는 큰 희생은 없어진다. 일단 제3세계와 관련된 논점을 따로 제쳐 놓으면, 내가 제기하려는 논제에 속하는 실제적인 것이 인식될 수 있다. (싱어 (Singer 1972)는 제3세계를 향한 의무와 관련된 요청적 견해로서 고전적인 것을 제시한다; 코헨(L. Jonathan Cohen 1981)은 사람들이 하여야 할 것과, 다른 사람들의 나태 사이에 나타나는 관계를 논한다. 최근의 많은 논의들이 그런 두 가지 방법들을 따른다.)

과거의 소련이나 군 장성들 통치 하의 아르헨티나에서 반대자들이 직면했던 아주 다른 선택의 기회들을, 평화로운 시기 동안 민주적인 서구에서 활동가들이 직면했던 그런 것들과 비교해 보라. 민주적인 서구에서의 헌신적인 도덕적 행동은 확실히 지역적인 가난을 위해서나, 제3세계에서의 굶주린 자들을 위해서나, 환경을 위한 걱정 속에서 이루어졌다. 그러나 도덕적인 도전에 속하는 현존하는, 중요한, 불가피한 것에 의한 그런 비교는 없었다. 생활의 위험을 무릅쓰고, 자기 자신이나 가족의 생계를 걸고, 못된 악에 대항할 것인지의 여부와 같은 윤리적으로 아주 곤혹스런 일들은, 주로 자유롭지 못한 사회에서 나타난다. 서로 신뢰하는 가운데 나타나는 친선이, 악이나 위험과 벌이는 대결은 민주적인 서구에서는 거의 찾아보기 힘들다. 도전과 위험에 근거하는 그런 도덕적인 성취를 향한 기회들은 질서 있는 사회 바깥쪽에만 존재한다. 이런 것은 덜 질서 있는 곳, 예컨대 조직화된 범죄와 싸움이 있는 곳에서도 그렇다. 의의 있는 도덕적인 가치를 야기하는 일상의 현실적인 도전이라는 견지에서 보면, 우리가 지금 숙고 중인 것처럼 질서 있는 사회에 산다는 것이 "나쁜 도덕적 행운"이 되기도 한다.

어려운 조건 속에서는, 일상적인 의무감을 넘어서는 더 큰 범위의 행위만 필요한 것이 아니다. 전체적인 도덕적 장(場)은 끊임없는 변화 속으로 던져지며, 사람들이 지니는 의무와 의무 외부에 놓여 있는 것 사이의 안이한 구별들에 도전한다. 예컨대 친구를 배반하지 않으면, 비밀경찰에 의해 함정에 빠뜨려져 고문을 당하게 되는 경우, 친구를 배반할지의 여부를 깊이 생각하는 일은 삶의 "자연"스런 부분이 된다. 그러므로, 도덕적으로 남아 있거나 도덕적으로 되기 위해 도전하는 것은 진지한 일이다. 하지만 나의 요점은 그런 극단적인 상황에 의존하지 않는다. 공포와 고통이 그리 심하지 않은 민주적인 서구에서는 그런 도전이 증가함에 따라, 윤리적인 분위기가 더 부드러워질 것 같다는 것이 솔직한 나의 표현이다. 도덕적인 환경은 소수의 사람들에게만 고도의 원칙과, 헌신과, 용기를 요구한다. 사람들은 쉽게 적당히 도덕적이 된다. 적어도 적절하게 풍요로우면서, 도덕적으로는 얕은 상태에서, 그리고 그렇게 함으로써, 인간성 계발과 성숙이라는 좀 더 일반적인 양상들에 영향을 주면서, 삶이 평이해지는 경향이 있다.

특별한 덕목들이 제시되는 그런 세계는 아마도 대응하는 악들이 흔히 나타나는 그런 세계임을 우리는 예상할 수 있다. 나를 특히 이타적이게 할 수 있는 상황은, 나를 특히 이기적이게 할 수도 있으며, 내가 용기를 드러내 보일 수 있는 것들은 또한 내가 겁쟁이로 처신할 수도 있는 그런 것들이기도 하다. 그러나 우리는 여기서 긍정적인 도덕적 가치를 위한 잠재력에만 관심을 지니므로, 그리고 "너무나 도덕적으로 안이한" 상황 속에서는 그런 힘을 잃을 가능성도 있다는 데 관심을 지니므로, 나는 이런 것을 고찰하는 일을 멈추지 않을 것이다.

욕구, 도덕적 요청 및 도덕적 가치: 기본적인 논리

강요적인 도덕적 요구를 원망하면서 도덕성에 반대하는 견해도, 도덕적인 가치를 찬미하면서 도덕성을 찬미하는 견해도 모두 직관적인 호소력을 지닌다. 도덕적인 행동을 향한 요구를 불행스런 훼방으로 여기는 사람도 있고, 생명유지에 필요한 기회로 여기는 사람도 있지만, 만일 우리가 부분적이긴 하지만 타당한 식견으로부터 배운다면, 우리는 어느 정도까지는 도덕성에 관한 이런 서로 반대되는 두 견해 모두를 참인 것으로 이해하는 경우도 생각할 수 있다. 도덕성에 관해 가장 그럴듯한 견해는, 앞서 제시한 그런 견해들이 역설적으로 얽혀 있다는 점이다. 도덕적인 행동은 사람들이 대체로 찬미할 수 있는 그런 영역이며, 그런 곳에서 인간의 가치는 독특하게 고양될 수 있지만, 우리는 사회에서의 도덕성을 본질적으로는 도구적인 것으로 여전히 간주할 수 있으며, 그렇게 함으로써 그것의 영역을 제한하려 한다.

　도덕적 행동이 지닌 가치는 도덕성을 향한 욕구가 존재한다는 것에 의존하지만, 이런 욕구가 그런 가치를 제공하는 데 내재할 순 없다. 그런 것은 일들을 역행하게 할 것이다. 도덕적인 행동을 향한 욕구는 외부적이다: 그런 욕구는 우리가 실제적인 인간의 고통과 심한 잘못(도덕성은 이런 두 가지 것들에 관한 것만은 아니며, 그런 것들은 우리에게 문제시되는 것들 가운데 대표적인 것이 될 뿐이다)에 직면할 때 발생한다. 이런 것들(인간의 고통과 심한 잘못)은 우리들에게 가능한 한 그것들을 제거하도록 압력을 가한다: 이런 것들은 우리들에게 고통과 잘못에 대해 책임져야 할 환경을 제거하도록 압력을 가한다. 하지만 그렇게 하는 것은 그것을 통해 도덕적인 가치를 성취하려는 기회를 감소시킬 것이다. 만일 도덕적인 수요를 창출함으로써 접할 수 있는 그런 요구라면, 도덕성은 그런 수요를 창출해야 한다. 그러나 그런 요구는 출발점이다. 내가 제안하는 도덕성에 관한 견해에 따르면, 도덕성 규정의 내적인 논거는 명백히 도구적이라는 점이다. 하지만, 이것은 다음과 같은 점을 함축하는바, 사람들을 요구되는 도덕성에 잘 대처하게 함으로써, 사람들로 하여금 도덕적 가치를 성취할 수 있게 하는 어떤 최소한의 상황으로 나아가게끔 불가피하게 맞추어진다.

우리들의 논의는 호신론(護神論. theodicy)에서 있었던 재래의 노력들을 소생시킬 수 있는데, 그것에 따르면 자비로운 하느님은 인간들로 하여금 의미심장한 자유의지와 더불어 관용, 동정, 자선과 같은 덕목들을 훈련시키기 위해, 악도 허용했다고 주장해 왔다. 그러나 여기에서의 초점은, 인간은 도덕 문제를 해결하려고 노력하며, 수반되는 희생의 최소화를 도덕성의 논리로 요청하는 듯하다는 점이다.

이런 견해는 도덕성이 중요하지 않다거나 창피하다거나 도덕적으로 처신하는 사람들은 칭찬받을 수 없는 그런 사람이라는 것을 결코 함축하지 않는다. 도덕적인 행동을 위한 요구가 있게 되면, 그런 요구를 충족시키는 사람은 마땅히 존경을 받는다. 현실적으로, 어떤 사람들은 그들의 행위에 도덕적인 내용을 부과하는 실제적, 외적인 도덕적 요구를 접하게 되는데, 바로 그런 사실이 중요하다. 이런 견해는 도덕성이란 본래 목적적이며, 그런 시도들은 도덕적 행위를 위한 요구를 한정하기 위해 만들어져야 한다는 그런 인식과 공존할 수 있다.

도덕교육과 도덕계발을 향한 요구가 내가 하는 주장의 기초를 위태롭게 한다고 사람들은 생각할 수도 있다. 그러나 도덕성은 젊은 사람들이 도덕적인 능력과 경향을 계발하기 위해 도전하도록 주장하는 그런 요청 때문이 아닐까? 이 점은 윌리엄 제임스(William James 1982)가 마음에 두었던 부분이기도 한데, 그는 "전쟁에서와 같은 도덕"을 추구하도록 우리에게 확신시키려 했다. 여기서 말하는 전쟁에서와 같은 도덕은 불필요한 피흘림이 없이도 미덕이 교전상태에서 그 의미를 명백히 드러낼 수 있음을 가리킨다. 도덕성은 우리들에게 가치를 양성하려는 데 있다: 도덕적 행위자들의 요구가 주어지면, 우리는 그들에게 그런 가치를 보여 주도록 되어 있다(우선, 도덕적 행위자들이 젊지만 다른 어떤 규제 내에 있으면 말이다). 도덕성은 도덕적 행동을 필요로 하는 외적인 요구에 그 초점이 모아진다. 우리는 주어진 환경 속에서 사람들이 도덕적이게끔 용기를 북돋우려는 일을, 윤리적 가치를 위한 가치를 창조하려는 그런 시도와 혼동해서는 안 된다. 도덕성은 도덕적인 어려움이 극복될 수 있도록 하기 위해, 엉뚱한 도덕적 난점을 창조하도록 우리에게 허용하지는 않는다.

다른 예를 간략하게 고찰해 보자. 합성된 육류제품에 관한 최근의 개발은 주방요리용으로 동물들을 죽일 필요가 없게 만든다. 이런 일은 몇몇 채식주의자들이 육식을 중지함으로써 최근에 획득한 도덕적인 가치를 제거시킬 수도 있다. 사람들은 여전히 육식을 금할 수 있지만, 어떠한 참된 도덕적인 욕구도 이런 것(왜냐하면 고기는 더 이상 동물을 죽이는 것과 관련되지 않기 때문이다)을 통해 충족되지 못할 것이며, 어떠한 도덕적인 가치도 획득하지 못할 것이다. 물론 우리는 채식주의자가 지닌 덕목을 보존하기 위해, 이런 새로운 일들이 금지되기를 원하지도 않을 것이다.

잘 정리된 최소-도덕성세계를 상기해 보자. 만일 대부분의 사람들이 도덕적 환경이 증진되어 "세속적인 성인들"(secular saints)이 쉽게 될 수 있다면, 그런 환경은 너무나 "쉽게", 너무나 부적당하게 도덕적으로 도전받게 될 것이라는 근거 때문에, 사람들은 그런 변화를 이치에 맞게 견딜 수 없다.

'도덕성이란 현실적, 외적인 필요에 의해 수반되는 그런 것들을 마주 대하면서 사람들의 용무로 만들어진다' 는 그런 사회적인 욕구로 한정할 것을 주장하는 사람들에게 우리는 동의할 수 있다. 우리는 불필요한 도덕성을 불쾌하게 요구하는 것에 대해 채비를 하면서, 그런 사회적인 요구가 우리에게 가하는 압력을 감소시키는 노력들도 있어야 한다는 것에도 동의할 수 있다. 이런 조건들 가운데 어떠한 것도 도덕적 행동에 속하는 큰 가치를 우리가 부인하도록 요청하지는 않는다. 사실상, 외부의 도덕적 요구들이 존재하는 한, 그리고 그런 것들이 존재하기 때문에 봉착하게 되는 한, 도덕적인 가치를 성취하는 데 따른 순수성은 고양될 것이다. 이런 처지는 도덕성을 찬미하는 견해와 반대하는 견해를 결합시키기도 한다.

그러나 우리가 이런 동기를 발견한다 할지라도, 우리는 외적인 요구, 도덕적인 요구 및 도덕적인 가치 사이에 나타나는 관계나 상호의존성에서 드러나는 이상스런 견해를 놓쳐서는 안 된다. 외적인 요구는 도덕성을 필요로 하며, 그와 같이 하여 발생된 도덕적인 요구는 도덕적인 가치를 부여한다. 도덕적인 가치는 도덕성이 제거해야 할 조건들에 의존한다. 도덕성의 참된 목적은 어떤 조건들(고통과 심한 잘못)을 제거하는 일이다. 하지만 그런 조건들이 존재해야지, 그런 조건들은 도덕적인 가치를 부여하는 도덕적인 행위들을 불러낼 수 있다. 역설적으로, 도덕성은 도덕적인 가치의 "적"이다. 가치 있는 도덕적인 행동은 자기 자신의 꼬리를 먹어 치우면서, 그렇게 해서 자기 자신의 존재를 가능하게 하는 그런 조건도 멈추게 하는, 신화에서 나타나는 상상의 동물들을 닮아 가면서 마무리된다.

우리에게 필요한 그런 도덕성을 향한 요구가, 위대한 내재적인 가치 창조, 도덕적 행동이라는 가치를 창조할 수 있게 한다. 위대하면서도 아마도 독특한 가치는 참된 도덕적인 행동으로부터 나타나지만, 도덕성을 향한 요구는 가능한 제한되어야 한다. 도덕성을 향한 요구는 불행스런 어떤 약점의 결과에서 유래하는 하나의 전망으로 이해되어야 한다. 이런 산더미 같은 결점이 도덕적 행동이라는 금을 채굴할 기회를 제공한다. 하지만 도덕적 행동은 가치를 스스로 정당화할 수 없으며, 그 자신을 위해 존재할 수도 없다. 이런 상황은 본래부터 갖추고 있는 그런 가치의 원천일 뿐이다. 도덕성은 제거되어야 한다는 그런 요구에 더부살이하는 것이 바로 존경받을 만한 도덕적인 행위다. 만일 존경받을 만한 도덕적인 행위를 불러내는 악들이 존재하지 않는다면, 그런 악들을 발명해야 할 거라고 사람들은 말하고 싶을 것이다. 도덕적인 행동만이 우리들에 관한 그런 유형의 큰 가치를 수여할 수 있기 때문이다. 그러나 도덕성을 제한하는 자들은 이런 생각을 결코 수용할 수 없을 것이다.

9 도덕적인 불평의 역설

The Paradox of Moral Complaint

어떤 범죄자가 그에게 가해진 잘못된 것에 대해 불평할 수 없을 때란, 그가 그 잘못된 행위를 자기 자신에게 돌리는 때이며, 형법에 따라 그에게 가해진 것은, 서류에 의해서가 아니면 적어도 정신에 의해서라도, 그는 다른 사람들에게 잘못을 저질러 왔다는 것이다.

임마누엘 칸트, 『도덕형이상학 *Metaphysics of Morals*』

사람들은 언제 도덕적으로 불평할 수 있는가? 나는 도덕적인 불평에 속하는 어떤 집합에 관해 당혹스러움을 지적하려 한다. 우리가 다룰 논점은 "눈에는 눈"과 같은 오래되고 친숙한 것이긴 하지만, 비교적 소홀히 다루기 쉬운 불평과 관련된 개념에 그 초점을 맞추는 것이 더 도움이 된다. 표준이 되는 (법칙론적인) "절대적 강요방침"을 선택하는 일은 더 어렵다. 그런 방침은 사람들이 해 온 것이 무엇이든 사람들에게 어떤 행위를 금지하는 일이며, 그로 말미암아 그것은 양도논법이나 역설을 창출하게도 된다.

　일반적으로는 도덕성을 처방적인 것으로 파악하는 견지에서, 도덕적인 불평에 속하는 논제에 관해 생각하는 것이 유용하다. 다음과 같은 것을 가정해 보자:

L 도덕성과 도덕적 행위에 관한 일반적 · "입법적"인 특성.

사람들이 내세우는 도덕원칙은, 관련된 비슷한 상황에서는, 모든 사람들에게 동등하게 적용된다. 그리고 행위들이 열거된다: 누구든지 도덕적으로 의의 있는 행위를 수행할 때는, 어떤 의미에서는, 그가 세운 원칙에 따라 관련된 그 사람 이외의 다른 유사한 사람들로 유사한 상황 속에서 유사한 행위를 수행하는 것이 허용될 수 있음을 그것에 의해 규제하는 것이 된다.

그러므로 어떤 도덕원칙을 제안할 때나, 도덕적으로 다른 사람들에게 영향을 미친다는 면을 고려하면서 행위할 것을 제안할 때에는, 다른 사람들이 비슷한 상황 속에서 비슷한 방식으로 우리를 대한다면, 우리가 어떻게 느껴야 할 것인지, 우리가 어떻게 그런 상황에 관해 판단할 것인지를 우리 자신에게 물어보아야 한다. 우리는 아주 진지하게 L에 따라 처신해야 하는데, 그 이유는 우리들의 행위가 도덕적인 선례(先例)에 기여할 수도 있으며, 우리에 대항해서 되돌아올 수도 있기 때문이다.

다음의 예들을 고찰해 보자:

1. 해로운 험담을 즐기고 다른 사람들을 험담하는 사람들은 흔히 자기들에 대해 험담하는 사람들이 자기들의 사생활을 침해하며, 참이 아닌 이야기들을 유포시킨다고 불평한다.
2. 난폭한 범죄자들과 그들에 동감하는 사람들은 흔히 경찰의 잔인성, 법정의 부정의 및 교도소의 비인간적인 조건들에 관해 불평한다.
3. 테러리스트들과 그들을 옹호하는 사람들은 흔히 재판에 호소하지 않는 것에 대해, 그리고 그들이 구류생활을 할 때 겪은 불공정한 조

건들에 대해 불평하며, 그들이 관심을 두는 결백한 사람이 살해될 때도 불평한다.

문제는 우리가 그런 경우들에서 도덕적인 불평에 관해 생각할 때 시작된다. 도덕적인 불평에 관해서는 아주 다른 두 가지 생각들이 이런 경우들의 기초가 되며, 둘 다 적용될 수 있는 듯하다. 각각은 상대방의 그런 것들에 대해 반대방향으로 함축한다. 그리고 둘 다 모두 직관적으로 강력한 듯하다. 둘 다 모두 L에 관한 해석인 듯도 하다. 그러나 사람들이 L에 관해 의심한다 할지라도, 다음의 생각들에 관한 직관적인 호소는 강력하다.

  N 불평을 위한 무모순적인 조건.

불평자가 다른 사람들을 자유로이 대하듯이 그와 유사한 방법으로, 후자가 전자를 대할 때, 사람들은 도덕적으로 불평할 수 없다.

  U 몇몇 도덕적 표준들의 무조건적인 특성.

어떤 도덕적 표준은 무조건적으로 적용된다. 이런 표준들은 다른 사람들에게 그런 표준들을 지키도록, 그리고 만일 그런 표준들에 따라 행위하지 않으면 불평을 하도록 내버려 둔다.
  나는 어떻게 N과 U가 모두 L로부터 추론되는지 보여 주기 위해, 그리고 그런 것들이 지닌 고유한 강한 직관적 호소에 대해 설명하기 위해, N과 U를 좀 더 세밀하게 고찰하길 원한다.

N: 불평을 위한 무모순적인 조건

어떤 사람이 다른 사람들을 자유롭게 대하는 방식과 비슷한 방식으로 그 사람도 그렇게 대우를 받는 것에 관해 도덕적으로 불평할 수 없음을 *L*은 함축한다. 다른 사람들의 사적인 일에 관한 이야기가 퍼져나가는 경우에, 만일 어떤 사람이 험담이 허용될 수 있음을 도덕적인 견지에서 함축적으로 인정한다면, 그 사람도 험담의 대상이 되는 것에 관해 불평해서는 안 됨을 뜻한다. 만일 어떤 사람이 다른 사람들에게 고통을 가함으로써, 폭력과 잔인성에 근거한 자기의 도덕적인 처지를 은근히 드러낸다면, 그 사람도 그런 방식에 따라 대우를 받게 되는 일에 불평해서는 안 된다. 의도적으로 죄 없는 피해자들을 겨냥하는 그런 테러리스트들은, 그들 스스로도 그렇게 대우받을 때나, 발뺌할 때나, 폭력이 그들을 겨냥할 때, 불평할 수 없다. 그들이 모순을 각오하면서, 죄 없는 시민들의 생활에서 드러나는 고결함에 관해 말하는 것은 있을 수 없다.

사람들은 관련된 유사한 상황 속에서 자기가 다른 사람들에게 계속해서 가하는 바로 그런 일에 관해 어떻게 도덕적으로 불평할 수 있는가? 의심할 여지없이, 험담을 해 대는 험담가, 무법과 폭력에 반대해서 큰 소리치는 범죄자, 순진한 사람의 생활에 관심을 갖는 폭력배들의 언행은 매우 의아스러운 근거 위에 서 있다. 어째서 우리는 그런 사람들의 그런 항변을 인정해야 하는가? 그들이 거리낌 없이 반복적으로 하는 말이 그들의 행위를 통해 모순을 자아낼 때도, 그들이 도덕적으로 분개하는 것은 무슨 근거에서인가?

나는 여기서 진정한 뉘우침, 회개, 의지의 유약함을 일괄해서 다루려 한다. 만일 어떤 사람이 과거에는 잘못을 저질렀지만 행실을 고쳐, 지금은 자기가 저지른 과거의 행위들을 몹시 싫어한다면, 그런 불평가능성은 사람들에게 더 쓸모 있을 것이다. 의지가 약한 사람의 경우, 자기 스스로는 어떤 것을 중지할 수 없음을 알지만 다른 사람들은 그렇게 하지 않기를 진정으로 원한다면, 비록 그가 다른 사람들에게는 여전히 유사한 일을 한다 할지라도, 그런 사람은 자기에게 이루어진 그런 일들에 관해서는 불평할 것이다. 그런 경우들에서는 나쁜 짓을 하는 사람들의 불평을 인정할 수도 있겠지만, 우리는 그런 예외적인 것들에 관심을 지니지 않아도 된다.

도덕적인 불평이란, 나의 도덕적인 기대가 내가 정당하다고 믿는 그런 식으로 충족되지 못하므로, 내가 분개할 때 발생한다. 내가 다른 사람들과 몫(또는 몫이어야 하는)을 함께한다고 생각하는 데서 성립하는 일반적인 도덕원칙들이, 도덕생활에서 나타나는 불평의 근거를 이룬다. 그러나 이런 일은 우리에게 해를 끼치는 다른 사람의 행위가 우리 자신의 현실화된 원칙에 일치할 때, 매우 문제가 된다. *L*을 다시 되새겨 보자. 내가 다른 사람들에게 자유롭게 하듯이(이상한 환경이 존재하지 않는 한), 그들이 나에게 행하는 것에 관해, 나는 어떻게 도덕적인 분개나 불평을 할 수 있는가? 내 스스로 설정한 도덕률에 대비되는 규칙을 그가 나에게 적용하려는 것에 관해 나는 어떻게 도덕적으로 분개하거나 불평할 수 있는가? *L*에 관한 이런 해석에 따르면, "다른 사람들이 너에게 하기를 네가 원치 않는 것처럼, 너도 다른 사람들에게 그렇게 하지 말라"는, "만일 네가 다른 사람들에게 그렇게 한다면 그리고 그들도 너에게 그렇게 한다면, 너는 불평할 수 없다"로 바뀔 것이다. (그렇게 생활하지 않는다면) 여러분들은 여러분들이 제정해 온 것처럼 사는 것에 관해 여러분 스스로를 비판하는 셈이 된다.

요점은 그들이 다른 사람들에게 자주 거리낌 없이 싫은 것을 짊어지우면서도 그런 유형의 행위에 관해 그들이 불평할 때, 그들은 결국 그런 험담이나 죄악이나 폭력에 공감하는 것으로 여겨지는 것은 당연하다는 점이다. 그들이 대우받는 방식에 관한 도덕적인 배려라는 점에서, 그들이 다른 사람들에게 하는 주장은 그 기초를 상실하게 된다. 다른 사람들을 존경하지 않음으로 해서, 그들도 그런 것에 의해, 유사하게 존경을 받지 못하게 됨으로써 불평의 근거도 상실하게 된다. 그들은 그들의 행위와 다른 사람들의 요구 사이에 나타나는 통합, 일관성과 더불어 도덕적인 온정도 결여하고 있는데, 그런 것들은 그들의 도덕적 기대에 관해 우리의 관심을 끌 만한 것이 되기 위해 요구되는 것들이다. 그들은 그들이 믿지 않는 것을 아주 분명히 해 주는 어떤 원칙을 설정하는 일을 당연한 것으로 생각한다. 그런 법규 속에는 비행을 저지르는 사람들의 불평을 위한 근거가 없으므로, 비행을 저지르는 사람들은 다소 그들 자신의 도덕적인 불평을 배제하면서 규칙제정에 참여한다.

U: 몇몇 도덕적 표준들의 무조건적인 특성

우리는 "무엇에나" 적용되는 도덕적 표준들이 있음을 느끼는데, 이런 표준들은 무책임한 험담가나, 못된 범죄자나, 테러리스트들조차도 우리들을 그런 표준들에 붙들어 매게 하고, 우리가 그런 표준들에 마음을 쏟지 않으면, 불평을 하게 한다. 도덕적으로 나쁜 사람들이 잘못된 일을 한다는 사실이 우리로 하여금 잘못된 일을 하도록 내버려 두진 않는다. 비록 우리가 그들에게 잘못된 일을 할지라도 말이다. 이런 사실도 *L*로부터 당연히 추론된다: 'A가 B에게 잘못해서 해를 입힌다' 할지라도, 비슷한 관련이 있는 C가 비슷한 관련이 있는 D에게 잘못해서 해를 입히는 것이 허용될 순 없다(D와 A가 하나이며 같다고 할지라도 말이다). 도덕성은 입법적인 것이고 행위는 중요하기 때문에, A에게 해를 입히는 것은 역으로 B에게 가하는 A의 유사한 해코지를 눈감아 주는 일이 될 것이다. 명백히, 험담가, 범죄자, 테러리스트들에게 하도록 허용될 수 있는 것은(또는 도덕적으로 요청되는 것이라 할지라도) 그들이 해 온 것에 대한 결과에서 유래하는 변화일 것이다; 다시 말해, 그들은 비난이나 처벌을 받아 마땅하다. 그렇다 할지라도 우리가 그들에게 해서는 안 될 일이 여전히 있다. 만일 우리가 그런 일들(잘못해서 해를 입히는 일들)을 그들에게 하게 된다면, 그들은 불평할 수 있다는 점이다.

우리가 하는 험담에 관한 경멸적인 언급에는 어떤 제한이 있음에 틀림없다. 우리는 성범죄자가 감옥에서 강간당했을 때 묵인할 수도 없고, 난폭한 범죄자에게 가해지는 보기 드문 잔인하고, 특이한 체벌을 눈감아 줄 수도 없다. 마찬가지로, 테러리스트들의 행위에 의해 순진한 사람들의 생명을 잃게 되는 것을 정부가 직면하게 될 때, 이런 일은 심각한 도덕적 관심의 근원이 된다. 험담에 관해 우리가 말할 수 있는 것은 제한이 없다든가, 모든 것은 범죄나 테러리즘에 대항하기 위한 투쟁 속에 묵인된다는 견해는 도덕적으로 받아들일 수 없다. 만일 이런 원칙과 강요들이 깨뜨려진다면 도덕에서의 불평은 정당화된다.

더욱이, 도처에 존재하는 원칙과 제한을 넘어선, 그 이상의 것이 여기에서 진행되고 있는데, 그런 것은 그릇된 험담가나 범죄자나 테러리스트들을 받아들일 수 없게 한다. 매우 난폭한 행동을 하는 것을 징계하기 위해 감옥에 가두어진 후 어떤 간수에 의해 정당한 근거 없이, 심하게 구타당한 어떤 범인을 생각해 보자. 아마도 우리가 보아 왔듯이, 그 죄수가 도덕적으로 불평하는 것은 의심스럽다고 여겨지겠지만, 이것이 현재 우리의 관심거리는 아니다. 그런 불평이 의아스럽지만, 간수들이 그처럼 처신해서는 안 되는 듯하다. L에 따르면, 그렇게 함으로써, 그들은 불공정성과 엄한 난폭성을 정당화하게 되는데, 바로 그 점을 주목하라.

그렇다면, 우리는 불평에 관해 두 가지 서로 모순된 견해(그리고 L에 관한 두 가지 해석들)를 지니게 된다. 둘 다 모두 상당히 직관적인 지지를 받고 있다. 처방적·보편적 도덕규범은 불평에 관해 다음과 같은 두 가지 서로 모순적이지만 마음을 끄는 해석들을 이끌어 낸다: 곧, 비행을 저지르는 사람들은 그들이 제정한 것에 따라 다뤄진다면 불평할 수 없으나, 보편성을 지닌 도덕적 표준에 따라 부당하게 다뤄진다면 불평할 수 있다. 우리는 L을 부인함으로써 문제를 쉽게 해결할 수 없음을 주목하라. L은 직관적으로 매우 강한 원칙이다. 더욱이, 우리가 보아 온 것처럼, 비록 우리가 L을 괄호로 묶는다 할지라도, U와 N 둘 다 모두 직관적으로는 스스로 마음을 끌게 하는 그런 것이다. 모순이 여전히 남아 있지만 말이다. 우리는 이것에 관해 무엇을 생각할 수 있는가?

하나의 선택(첫 번째 선택)은 해석들 가운데 다른 하나를 거부하는 시도이다. 완고한 절대주의자들은 비행을 저지르는 사람이 하는 불평에 대해 그런 의아스러움을 이겨낼 강한 인권개념을 강조할 수도 있는데, 그렇게 되면 그런 의아스러움은 사그라지게 된다. 아마도 비행을 저지르는 사람은 불평을 통해 스스로를 비난하는 격이 된다. 그가 비난할 때 우리는 그를 경멸할지 모르지만, 그는 여전히 그렇게 할 것이다. 그가 비행을 저지르면서도 불평을 할 때 그의 처지로 보면 그의 행동에는 잘못이 없다. 그렇지 않으면 대조적으로, 사람들은 (완고한 절대주의자들처럼) 그런 불평에 관해 의문을 제기함으로써 험담가나, 범죄자나, 테러리스트들의 주장을 부인할 수도 있다. 비행을 저지르는 사람들이 어떻게 대우 받았을지라도, 그들은 그들의 행위를 통해 불평의 근거를 박탈당했다고 사람들은 주장한다. 그들이 불평하게 되는 도덕적인 근거인, 그들이 맹신하는 도덕규정을 우리가 파악한다면, 그들은 불평의 근거를 지닐 수 없게 된다. 롤즈(John Rawls)가 지적한 것처럼, "불평할 수 있는 사람의 권리는 그가 자인한 원칙들이 어겨진 것에 한해서다"(2000 : 190). 그러나 나는 두 직관 모두에 속하는 직관적인 특징 — 개략적으로 보면, 당신이 불평할 당신의 권리에 대해 크게 관여하고 있다는 것과, 어떤 표준들은 보편적인 불평을 허용하는 듯하다는 것 — 은 존중받아야 하며, 우리는 양도논법에 기인한 그런 방법들 모두에 대해 저항해야 한다고 생각한다. 아마도 그런 이율배반의 한 면만을 받아들일 수 있는 듯한 예들이 있지만, 대부분의 도덕적 세계는 우리들을 위해 삶을 그렇게 수월하게 해 주지는 않는다.

다른 선택(두 번째 선택)은 험담가나 범죄자나 테러리스트들이 자가당착이나 모순조차도 없이 그들의 독특한 주장을 내세울 수 있음을 인정한다는 데 있다. 이에 관한 하나의 극단적인 의견은 어떤 사람이나 집단이 뛰어난 고등집단이어서, 다른 사람들처럼 도덕원칙을 따를 의무가 필요 없다고 주장하는 일이다. 어떤 사람은 그 사람의 원수들을 죽일 수도 있다. 왜냐하면 예컨대, 그들이 인간답지 못한 사람이거나 이교도들이기 때문이지만, 하지만 역으로 그의 적들은 그들을 죽여서는 안 된다.

그러나 그런 주장들은 우리들에게 덜 흥미롭다. 더 중요한 것은, 일부 험담가나, 범죄자나, 테러리스트들은 규칙을 받아들일지 모르지만, 그들만은 예외적이라는 주장이다. 말하자면 그들이 지닌 비정상적인 또는 풍족스럽지 못한 어린 시절 때문에, 그들에 대한 험담이나 그들이 저지른 범죄행동은 용서받을 필요가 있다는 점이다. 또는 테러리스트들이 죄 없는 사람들의 생명을 빼앗는 일이 정당화되는 특이하고도 아주 극단적인 조건들이 있는 반면에, 반테러활동의 결과로서 죄 없는 사람에게 해를 가하는 일은 정당화를 결여하기도 한다. 그러나 그런 "특별한 변명"은, 모든 사람들에게 적용되는 넓은 일반적인 규칙을 따르는 것에 대비되는 그런 변명이므로, 공정한 사람들에 의해서는 합리적으로 받아들여지기가 힘들다(희생자들에게만 그런 것으로 해 두자).

설득력 있는 경우는, 최근에 자기 배우자의 부정(不貞)에 관해 불평하는 사람에 관한 것들과 비슷한데, 여기서 배우자의 부정은 불평하는 당사자가 오랫동안 부정했기 때문에 그 결과로 나타난 것이지만, 그 당사자는 "이것(자기의 부정함과 배우자의 부정함)은 완전히 서로 다른 일이다"라고 말한다. 그러나 어떤 경우이든, 험담가, 범죄자, 테러리스들이 전형적으로 이런 식으로 주장하지는 않는다. 험담가들은 그들 뒤에서 그들에 관해 말하는 사람들에 의해 공정치 못한 괴롭힘을 당하게 되고, 범죄자들은 법을 어기는 것을 자제하고 법을 따르기 위해 경찰을 방문하게 되고, 테러리스트들은 반테러세력들에게 국제법을 따르도록 요구하면서, 모든 원칙들이 그렇듯이, 도덕상 죄가 없는 시민들의 고결함을 존경한다. 그런 사람들은 전형적으로 보편적인 도덕과 법원칙에 근거하면서, 광범위하고 일반적인 용어를 사용하면서 그런 불평을 한다. 그들 스스로에 대해서는 변명을 하면서 말이다.

세 번째 선택은 불평자들이, 불평의 기초가 되는 도덕원칙들을 받아들이지 않으면서 도덕적인 불평들을 한다는 점이다. 결국, 그런 일은 자기 자신의 표준이 서 있지 않은 어떤 사람에 반대해서 논증을 펴는 그런 사람에게는 공공연한 일이다. 그러나 그러한 도덕적인 해이나 위선에 대한 비난은, 여전히 우리로 하여금 우리가 논의해 온 그런 종류의 불평과 더불어 어려움을 극복할 수 없게 하는데, 불평자들이 하는 도덕적 불평도 통용되는 도덕적인 기반을 가정해야 한다. 험담가, 범죄자, 테러리스트들이 하는 불평은 자기들이 도덕적인 주장을 한다고 가정하는데, 이런 것은 그들이 동의하는 원칙들에 기초할 필요가 있다. 그런데 곤란한 점은 그들 스스로가 그런 원칙들을 명백히 따르지 않는 데서 발생한다.

네 번째 선택은 불평자들의 "정체를 드러나게 하는 일이다": 험담가, 범죄자, 테러리스트들과 그들을 지지하는 사람들은 사생활, 정의, 공정, 순결 및 삶의 고결함에 관한 표준을 실제로는 믿지 않는다. 오히려 이런 개념들을 단순히 공허하고 과장된 태도를 나타내는 것으로 사용한다. 상당수는 확실히 그렇다. 결국, 험담가, 범죄자, 테러리스트들은, 그들이 다른 사람들을 대하는 것과 같은 방법으로 대우받지는 못한다는 것이 바로 그들의 관심 속에서는 분명하다. 그렇지만 모든 불평을 오로지 자기본위의 냉소주의에 그 탓을 돌리는 일은 진실되지 못하다. 어떤 경우에서든, 불평이 도덕적으로 이치에 맞는지 여부에 관한 의문은 여전히 남는다.

이런 네 가지 선택들 각각이 우리가 이제껏 이끌어내 온 모순된 함축들을 무디게 하는 시도인 한, 그런 모순된 함축들은 실패하기 마련이다. 그러나 우리가 그런 선택들을 제쳐 놓자마자, N과 U 사이에 나타나는 모순이 여전히 위압적인 것으로, 그리고 도덕에서의 불평들을 바라보는 대비되는 방법으로, 우리와 여전히 마주치게 된다. 우리는 다음과 같은 것을 필요로 한다:

1. 도덕적인 불평(N과 U)에 관한 우리들의 직관적인 견해는 모순적이라는 결론, 이런 결론은 이론적으로나 실제적으로 당혹스럽다.

하나 더 나아간 선택이 있다:

2. 도덕적인 불평을 도덕적인 압박과 연결시키지 않는다.

(2)를 선택하는 것은 우리로 하여금, N과 U 모두에 대한 어떤 통찰들을 통합하게 한다: 다시 말해, 비행을 저지르는 사람들이 자기들의 행위를 통해 규범적으로 지지해 온 방식대로 다뤄진다면 불평할 수 없다고 하는 것과, 그렇기는 하지만 누가 어떻게 다뤄질지에 관한 속박은 있다고 하는 것을 말이다. 이런 새로운 선택에서, 사람들이 도덕적으로 잘못된 행위를 하는 것으로 지목될 때는, 불평할 권리를 박탈당할 수도 있지만, 다른 사람들에게 하도록 도덕적으로 허용된 것이 과연 무엇인지에 관한 일반적인 속박은 여전히 남아 있게 된다. 그래서 우리는 불평에 관해선 N을 긍정하지만, 어떤 사람이 불평할 수 없다면 그 사람은 도덕적인 보호를 받지 못한다고 우려하는 U의 지지자가 지니는 주요한 우려에 대해서는 중립을 선언하게 된다.

하지만, 두 개의 강한 상식적인 가정이 그것에 의해 포기되는 것을 아는 일이 중요하다: 다시 말해, 비행을 저지르는 사람이 불평할 수 있는데도, 그 비행을 저지르는 사람이 자기에게 가해진 행위에 관해서는 불평할 수 없다면, 아마도 그런 행위가 그런 비행을 저지르는 사람에게 가해질지 모른다.

(2)의 지시에서는 T의 거부를 포함하곤 한다.

T 불평에 관한 전이의 원칙.

어떤 방식으로는 E를 대하는 것이 도덕적으로 허용될 수 없다면, E는 어떤 사람이 그런 방법으로 E를 대할 때는 불평할 근거를 지닌다.

그러므로 (2) 또한 분명히 매력적이지 않다. 왜냐하면 T를 거부하는 것은 어떤 면에서는 E를 대하는 것이 허용될 수 없음을 의미하는데, 그러나 이런 일이 행해진다 하더라도 그는 불평할 수 없다니 말이다! 더욱이, 어떤 사람은 도덕적으로 잘못된 어떤 행위에 관해 불평할 수 있는 반면에, 다른 사람은 아주 똑같은 행위에 관해서도 불평을 할 수 없을 것이다. E가 테러리스트인 상황에 관해 숙고해 보자. 그는 체포되었고, 그와 그의 가족은 분명히 도덕적으로 불합리스런 방법으로 심하게 매를 맞았다. 그런데 E의 가족은 E의 테러행위에 반대했다고 가정해 보자. 그렇다면 그의 가족들은 그와 그의 가족들이 모두 함께 당하는 도덕적으로 잘못된 방법에 관해, 도덕적으로 불평할 수 있는 반면에, E는 불평할 수 없다. 이런 일은 특이한 기묘함을 넘어, L의 배후에 놓여 있는 보편적, 도덕적인 관례와 더불어 우리를 긴장 속에 다시 몰아넣을 것이다.

험담가, 범죄자, 테러리스트들의 상황과 같은 경우에서는, 불평에 관한 두 개의 대비되는 견해가 우리의 마음을 끄는 듯하다. N과 U 사이에 나타나는 이런 모순양상에서, 우리는 T를 거부함으로써 흥미를 끌 수도 있고, 속박과 불평을 분리시키려 할 수도 있다. 그러나 T 또한 강한 직관적 원칙이기도 하다. 비록 그것이 항상 적용되지는 않지만, 그것을 체계적으로 거부하는 것은 매우 매력적이지 못하다. 그것의 체계적인 거부, 그리고 이것이 함축하려는 것은, 그것을 제거하기보다는 그런 역설성을 단지 변화시키려는 듯하다.

9장 "도덕적인 불평의 역설"은, 우리의 반성적 도덕직관에는 본래부터 내재하는 어려움이 있음을 지적하는 듯하다. 도덕행위자와 관련된 입법적인 특성이 주어지면, 합리성을 띤 도덕적 불평에 대해 부과되는 그럴듯한 규제들은, 그런 규제들이 인정하는 중요한 도덕적인 강요나 불평과 관련된 그런 불가침성과 모순을 이루는 듯하다. 그래서 내가 논의해 온 경우들에서는, 도덕성이란 도덕적인 불평가능성을 부인하기도 하고 그것의 필연성을 강조하기도 하는 듯하다.

10 태어나지 않음을 선호하는 것

Preferring Not to Have Been Born

사람이란 결국 여인에게서 태어나는 것, 그의 수명은 하루살이와 같은데도 괴로움으로만 가득 차 있습니다. 꽃처럼 피어났다가는 스러지고 그림자처럼 덧없이 지나갑니다.

욥기(Job) 14: 1

버나드 윌리엄스(Bernard Williams)가 쓴 흥미로운 글 "자기 자신의 존재를 후회하는 것"에 나타나는 한 단락을, 특히 다음과 같은 첫 서술의 두 번째 부분을 살펴보자:

그 자신의 존재를 후회하는 사람은 그가 존재하지 않았어야 함을 선호하는 사람이다; 인생은 살 가치가 없다는 생각 이외에 달리 해석할 방법이 없다. 확실히 태어나지 않았어야 한다는 그런 바람은 욥(Job)이 원한 것이기도 한데, 일관성이 있다; 실제생활 내부로부터가 아니라면 삶을 이해할 방법이 없으며, 그런 삶의 내부로부터, 삶은 가치 있지 않다는 생각을 지니게 된다. (Williams 1995: 228)

내가 삶, 늙음, 죽음에 관해 몰두하고 있었을 때, 나는 위의 단락을 읽었는데, 그 까닭은 나의 아버지가 그때 암으로 병들어 있었고, 암 때문에 나중에 세상을 떠날 수도 있었기 때문이다. 관련된 진술이 분명치는 않지만 나에게는 충격적이었다. 내가 의도하는 바는 윌리엄스의 글을 숙고하려는 데 있는 것이 아니라, 좀 다른 방향에서 이런 짤막한 언급으로부터 벗어나려는 데 있다. 윌리엄스의 철학적 사색에 대해 내가 해야 할 것은, 그 내용과 정신 모두에 있다는 것을 분명히 해야 할 것이다. 비존재(non-existence)를 선호하면서 태어나지 않았음을 선호하는 것을, 인생은 가치가 없다고 평가하는 것에 맞추려는 그의 생각에 나는 의문을 품고 싶다. 비록 그런 생각이 역설적인 것처럼 보인다 할지라도, 사람이 태어나지 않을 것을 선호한다는 생각에 대해 개념적, 심리학적으로 그럴 여지가 있는 반면에, 동시에 사람의 삶이란 가치 있는 것이라는 믿음도 있기 때문에, 나는 이런 두 가지가 크게 분리될 수 있음을 보여 주려 한다. 이것은 또한 우리로 하여금 이런 논제에 관해 겉보기에 분명한 듯한 가정들의 일반적인 "완화"를 돕는다. 게다가 태어나지 않음에 대한 숙고보다 삶에 관해 생각하는 것이 얼마만큼 더 좋은 방법인가?

달리 특화되지 않는 경우라면, 비존재에 관해 말할 때, 나는 죽음보다는 차라리 결코 존재하지 않는 것에 관해 말할 것이다. 태어난 것(태어나지 않는 것)에 관해 말하면서도, 나는 출생에 의해서만 존재하기 시작함을 상정하지 않으려 한다. 윌리엄스처럼, 나는 주관적인 선호와 평가에 관해 말하며, 나는 여기서 "그저 그런" 삶이나, 아니면 어떤 특별한 삶이 가치 있는지의 여부를 객관적으로 평가하려 시도하지도 않는다. 이런 점에서, 모든 논의는 다른 사람들의 판단을 고려하지 않는 "주관적인 자"의 것이다. 유사하게, 나는 어떤 사람 자신의 선호에 초점을 맞추고 예컨대, 그 사람의 친척들이 그 사람의 존재나 비존재에 대해 지닐 선호를 일괄하여 다루려 한다.

어떤 사람의 비존재에 관해 분명하게 생각한다는 것은 어려운 일이다. 왜냐하면 사람들은 실제로는 어떤 배경 속에서 서성거리지만, 자기는 그런 상황 속에 있지 않는 것처럼 상황을 파악하는 경향(비정합적으로)이 있기 때문이다. 비존재와, 살아서 선호되거나 평가를 받는 상태 사이에 나타나는 뚜렷한 차이는 우선은, 전자는 존재하지 않는다는 데 있다. 그런 주장에 관한 주목을 끌 만한 생각은 윌리엄스의 처지와 관련된 회의론을 재빨리 불러오리라 나는 믿는다. 비존재는 인생이 가치 있는 삶인지 아닌지 여부를 초래하는 것이 아니고, 어떤 다른 일에 관해 곰곰이 생각하는 것도 아닌 상태이다. 비존재 상태란 사람이 존재할 때의 상태와 완전히 다르게 그것을 표현하는 데 있다. 이것은 그런 사태가 어림도 없거나, 그렇지 않으면 몇몇 사람들이 주장하듯 비존재란 평가될 수 없기조차 하다고 말함으로써, 극단적인 대비상태로 나아감을 뜻하지도 않는다(예를 들어, Heyd 1992: 3장). 이런 물음을 둘러싼 빈약한 철학적 분위기와 겉으로 나타난 역설성 속에서도, 우리는 여전히 비존재에 관해 생각할 수 있다. 태어나지 않음이 사람들을 위한 것이라고 생각하는 것은 이상하며, 이런 기이함은 어떤 "잘못된 삶"의 경우와(사람들이 제소된 부모나 의사와 더불어 사는데, 그런 부모나 의사가 장애를 지녔거나, 병을 지닌 채로 태어난 그런 형편), 윌리엄스(Williams 1973a), 파핏(Parfit 1984: part 4), 하이드(Heyd 1992: 3장) 및 그 외 다른 사람들에 의해 논의된 여러 가지 곤혹스러움들과 관련되어 있다. 그러나 나는 "무가치한 삶"을 나타내는 어떤 생활과 관련된 생각에는 유사한 어려움을 발견할 수 없다: 파인버그(Feinberg 1992: 16~17면)처럼, 계속되는 끔찍스런 삶과 비교해 보면, 비존재가 오히려 더 낫다고 말하는 것이 자연스러움을 나는 안다. 윌리엄스도 그렇게 말한 듯한데, 여기서 나의 견해는 존재와 비존재는 "질적"으로 너무나 서로 달라, 우리가 살펴려 하듯이, 비존재선호는 삶 속에서 무엇이 가치 있는지에 관해 질문을 받을 때 하게 되는 적극적인 답변조차도 이길 수 있다는 점이다.

첫째, 만일 어떤 사람이 자기의 삶은, 지속적인 만족과, 깊은 자기충만과, 그리고 황홀한 기쁨의 순간들이 계속 이어져서 언제나 행복했지만, 그럼에도 태어나지 않음이 더 나았을 거라고 말한다면, 우리는 그 사람이 하는 진술의 뜻을 이해하는 데 어려움이 있음을 알게 될 것이다(비록 이런 일이 어떤 극동지역의 신념체계에 의해서는 가능하다 할지라도; 우리는 여기서 그런 가정에는 관심을 두지 않을 것이다). 인생의 가치에 관해 그래도 적극적인 평가를 하면서도, 사람이란 태어나지 않은 것이 더 좋았을 거라고 말하는 것이 앞뒤가 안 맞는 듯하지는 않다. 공리주의자와 같은 사고방식을 지닌 사람은 이런 견해를 이해하기 위해, 어찌할 바를 몰라 할 수도 있다.

삶의 내부에서 이루어지는 전반적인 균형이 긍정적이라면, 비존재인 것보다 못할 수 있는 것이 어떻게 더 나을 수 있는가? 이런 물음은 단지 공리주의의 한계를 보여 주는 것일 수도 있으며, 윌리엄스의 사고방식이 아닐 수도 있다(그리고 어느 경우에서든, 공리주의의 과도한 도덕적인 구조에서는 그런 문제를 여기서 다루는 것은, 잘못 인도하는 일이 될 것이다). 나는 생활이 가치 있는 삶이 아니라기보다는, 너무 나쁘지는 않은 것으로 여기는 데 어려움이 없음을 안다. 그러나 그럼에도 그런 생각이 전반적인 삶의 주요 관심사가 아니라고 여기는 것은 당황스럽지 않거나 선호될 수 있는 그런 것일 수 있다. 매일매일 이루어지는 일들은 괴로운 것이며, 만족스런 것이 아니기도 하다. 또는 좀 더 광범위한 삶의 전망에서 본다면, 그런 일은 사람들을 위해 의미 있는 일이 아닐 수도 있다. 사람들은 살아 있다는 것이 아주 나쁜 일은 아니라고 느낄는지도 모르지만, 태어났다는 것이 아주 다행스런 일이라고 느끼지 않을 수도 있다. 그렇다면, 이런 데서 나타나는 무관심이나 모호성의 정도가 내가 논의하는 상황을 위해 허용될 수 있다: 삶이 가치 있지 않다는 그런 평가와 결부되지 않으면서도 비존재를 향한 선호를 말이다.

　매우 다른 유형의 사람들이 그런 상태에 있을는지도 모른다. 어떤 사람은 소심한 성질을 지닐 수도 있고, 마음이 편하지 못할 수도 있고, 그런 면이 그에게 계속 있음을 이해할 수도 있다. 인생이란 가치 있는 것이지만, 걱정으로 가득 차 있어 짐이 되기도 한다. 그런 것에 빠지지 않는 것이 매력적인 사고일 수도 있다. 생활에서 오는 고질적인 지침이나, 권태로운 생활에 휩싸여 있는 어떤 소극적인 사람들은 몸과 욕구를 사리기 위해 그런 존재를 원하지 않을 수도 있겠지만, 그렇기는 하지만 그 사람들이 몹시 괴로워하거나 금욕적인 자해를 하지는 않는다. 반대로, 일들에 관해 "냉정"히 합리적으로 생각하면서, 삶에 관해 냉정하고 금욕적인 사람은 앞에서 살펴본 그런 사람들과는 다르다. 삶이란 것은 그런 사람에게는 참기에 너무 힘든 그런 것이 아니라, 그런 사람은 자기의 삶 속에서 고무(鼓舞)적인 어떤 것도 찾을 수 없다고 본다. 이어서 비존재와 관련된 생각에서 비롯되는 "분명함"이나 "완전함"이 선호되는 듯하다. 우리는 다양한 요인들을 합쳐 별개의 성격들이 되게 하기 위해 그런 요인들을 부가할 수도 있다. 삶이란 가치 있는 것이 아니며, 어떤 무차별적인 끈 속에서의 생활이라는 그런 평가 없이도, 비존재를 선호할 수 있는 다양한 심리학적인 유형들이 나의 경우를 더욱 강화시킨다.

　둘째, 선과 악이 뒤섞여 있는 실태인, 복잡한 삶의 특성이 비존재를 선호하는 배후에 놓여 있을 수도 있다. 그런 마음상태가 이전의 사람들을 위해서도 그랬듯이, 어느 정도의 무관심을 초래하지 않는 것도 당연하다: 비존재에서는 악도 선도 없다. 누군가가 존재할 때는, 삶이란 전반적으로 살 가치가 있다고 그 사람으로 하여금 판단하게끔 그 사람의 삶에 좋은 것이 있을 수도 있지만, 나쁜 것을 많이 포함할 수도 있다. 악을 능가하는 선의 우세가 아주 적게 나타날 수도 있음을 주목하라. 또한 삶이란 선과 악으로 가득 차 있는 것에서 출발함을 주목하라. 악한 것은 선한 것을 극복하지 못할 수도 있고, 악은 종종 끔찍할 수도 있으며, 선에 의해 지워지지 않을 수도 있다.

포로수용소에서 자행된 유대인대학살에서 살아남은 어떤 생존자를 생각해 보자. 그런 사람은 생의 말기에 그가 걸어 온 삶을 숙고하면서, 전쟁 후에 형성된 그의 가족들인 아내와 자녀들을 생각하면서, 그의 삶이 가치 있었다고 느낄지도 모른다. 그는 어떤 사람이 달리 말하는 것에 대해 분개할는지도 모른다. 그러나 그가 끔찍했던 전쟁 시기를 기억할 때, 그의 첫 부인과 자녀들을 잃고, 친척들과 친구들을 잃은 것과 같은 그가 겪었던 육체적·심리적인 고통을 기억할 때, 그는 또한 그런 고통을 덜기 위해 태어나지 않은 것이 더 좋았을 거라고 생각할 수도 있다.

유대인대학살 시기에 살아남은 사람이 왜 태어나지 않은 것을 더 선호하는지에 관한 이해는, 문제시되는 극단적인 고통에 의해 야기된 그런 짧은 안목(단견)에 그것을 돌리는 것에서 유래한다고 회의론자들은 생각할지도 모른다. 그러나 그렇게 생각할 필요가 없다. 그런 사람들은 자기 자신을 위해 좋은 삶을 구축할 수도 있을 것이며, 가치 있는 삶을 발견하기도 한다. 전쟁 후의 가족생활이 그 이전의 가족생활처럼 좋을 수 있을지도 모르며, 전쟁 후의 가족생활이 좀 더 시간적으로 더 지속적일 수도 있다. 그를 위한 가치는, 깊이 생각해 보면(전반적인 견해를 취하면서), 선과 악 모두를 허용하는 것을 선호하게끔 할는지도 모른다. 그로서는 유대인대학살 이전에(그 이후조차도) 있었던 좋은 삶에 막대한 손실을 입었을 수도 있을 것이며, 그런 어떠한 것도 겪지 않은 것에 대한 생각에 더 끌릴 수도 있을 것이다.

유대인대학살 희생자에게 해당되는 것으로 여겨질 수 있는 또 다른 유형의 경우가 있다. 어떤 사람은 합리적으로는 결코 존재하지 않았던 것을 선호하면서, 그러나 여전히 계속해서 존재하는 것을 선호할 수도 있다. 그런 사람은 내세에 보상받을 수 없는 끔찍스런 고통을 감수하면서 살았지만, 그럼에도 지금부터는 살 가치가 있을 가망이 있다면, 그렇게 하는 일이 합리적이라고 여길 것이다. 전체로서의 그의 삶은 비록 그의 미래가 가치 있다 할지라도 가치 있는 삶이 아닐 것이다. 이 점은 합리적으로는 그가 계속해서 살기를 원한다 할지라도, 그가 결코 존재하지 않았기를 바라는 것이, 생애의 이 시점에서는 그를 위해 어떻게 합리적일 수 있는지를 설명한다. 나의 주장은 즐거움이나 행복은 고통과는 다른 것으로 서로 상쇄할 수 없을 거라는 점이다. 그런 것들은 금전적인 수입과 지출과 같지 않은 것으로, 즐거움이나 행복을 고통과 "합하여" 생각하면, 그저 순총량적인 것이 될 뿐이라는 점이다. 고통과 행복의 경우에는, 행복이 더 크더라도, 행복이 고통을 "상쇄"하지는 못함을 그럴싸하게 시사하는 것이 되겠다. 이처럼, 소극적(부정적)인 것보다는 적극적(긍정적)인 것이 더 많다는 의미에서, 전체로서는 가치가 있는 것이지만, 여전히 비존재가 선호될 수 있을 거라고 하면서 어떤 삶에 관해 말할 수도 있다. 비록 평균적으로 보면 적극적(긍정적)이라 할지라도 끔찍스런 고통은 본래 전체적인 균형을 파괴할 수도 있으므로, 무엇보다도 존재하지 않았음이 최선일 것이라는 생각을 야기한다.

우리가 살폈던 다행스런 불운에서는, 만일 어떤 사람이 전체적으로 "좋은 균형" 상황을 선호한다면, 고통과 고난이 닥친다 하더라도, 고통과 고난이 차지하는 사정이 변할 수도 있다. 그러나 어떤 사람들은 다행스런 불운에서도 여기에서도 모두, 그런 대가를 수용하기를 거부할 수도 있다.

많은 좋은 경험들로 이루어진 삶 속에서, 이런 고통의 흔적은 우리로 하여금 윌리엄스가 생각해 낸 다음과 같은 중요한 특징을 생각나게 한다: 도덕적인 딜레마들에서, 도덕적인 흔적을 향한 가능성을 너무 쉽게 내버리는 견해에 대해 그가 거부하는 것 말이다(예를 들어, 1973a). 여기에서 이루어지는 것을 이해하는 하나의 방법은 시간을 나타내는 용어들에 의해 그것을 구성하는 일이다: 생존자는 t라는 시간에서 생활에 관한 어떤 방법을 느끼고, t′라는 시간에서는 다르게 느낀다. 그러나 그렇게 하는 것은 그가 처한 경우를 잘못 나타내는 일이다. 두 감정은 모두 함께 존재하면서, 서로 다르게 당기는 힘을 지니기 때문이다. 그래서 실제 생활은 가치 있지만, 그렇게 생활하지 않았어야 함이 또한 매력적인 상황을 창조한다는 것이 바로 이런 경우에 해당한다. 만일 장점이 단점보다 낫다면, 둘 다 모두 지니는 것에 비해, 어느 하나도 지니지 않음을 선호하는 것은 비합리적일 것이다. 그러나 이런 점으로 해서 나에게는 그와 같은 합리성에 관한 견해가 부적절한 듯이 여겨진다. 10장의 후반부에서 우리가 음미할 어떤 유사성이 이런 것을 파악하는 데 우리를 도울 것이다. 유대인대학살 희생자가 접하는 것과 같은 그런 극단적인 끔찍한 고통과 손실에서 벗어나자는 호소는, 비록 그런 사람의 나머지 생애에는 상당히 많은 좋은 일들이 있었다 할지라도, 이치에 어긋나는 것으로 결코 해소될 수 없다. ─ 실로, 비록 그가 남은 생애 동안 매우 가치 있게 보냈다 할지라도 말이다. 그런 공포들이 이성을 지닌 사람으로 하여금 결코 태어나지 않았기를 바라게끔 하는 그런 것이라는 점이다. 비록 그의 삶이 좋았다 할지라도 말이다.

셋째, 그리고 다시 매우 다른 측면에서, 어떤 사람은 비존재를 선호한다고 하지만, 삶이 가치 있지 않음은 자기 자신에 대한 깊은 혐오에 의해서라고 결론을 내리지는 않을 그런 가능성도 있음을 우리는 알아야 한다. 사람들은 자기 자신을 무가치하다고 느낄 수도 있고, 자기의 존재를 불필요한 것으로 파악할 수도 있으며, 또는 자기 자신을 비열한 존재로 여길 수조차 있다: 최상의 것은 태어나지 말아야 했을 것이라는 점이다. 그럼에도 지금 어떤 사람이 살고 있을 때는, 삶이 그를 위해 가치 있는 것이 아니라고 말할 수는 없을 것이다. 그런 사람들에게 자살을 감행하고 싶은 마음을 짓누르는 그런 이유는 없을 수 있기 때문이다. 경험적인 삶의 질이 괴로운 것만은 아니다. 그러나 사람들은 자기의 존재를 원망하면서 태어나지 않았기를 선호한다.

그런 마음 상태의 배후에는 외부적인 평가기준이 있을지도 모른다: 예컨대, 자기가 현재 하는 일이 나쁜 짓임을 아는 어떤 어린이 치한은 그가 판단하는 표준에 따라 자기의 존재가 비존재보다 더 나쁘다는 것을 받아들이지만, 그럼에도 그의 삶이 가치 있음을 안다. 그는 자기 자신을 더 존경할 수 없으며, 태어나지 않았음을 더 선호하지만, 사는 보람을 느끼면서 인생살이를 한다. 인생은 그를 위해 무가치한 것이 아니다. 하지만 다른 측면에서는 인생이 무가치한 것보다 더 나쁘다; 그런 점에서 그는 그가 살 가치가 없다고 생각하기도 한다. 그러나 그의 삶이 그 자신을 위해서는 좋았던 반면에, 다른 많은 사람들은 그 사람이 존재했기 때문에 고통을 받아 왔으며, 그래서(도덕적인 견해를 받아들이면서) 그들은 그가 존재하지 않았기를 더 선호한다는 것을 우리가 아는 일이 그렇게 역설적인 것은 아니다. 그러나 그런 도덕적인 이유를 받아들이지 않고도, 우리는 이런 특별한 사태를 이해할 수 있다. 어떤 이는 자기가 존재하지 않았기를 더 선호할 만큼, 자기 자신을 싫어한다; 그런 사람은 아마도 그가 어떤 사람인지에 관해 준-미적인 혐오(a quasi-aesthetic distaste)를 지닌 사람이다. 이런 혐오는 그런 사람이 혐오하는 중요한 특성들을 지닌 자가 바로 자기임을 느낌으로 동반할지도 모른다; 더욱이 그 사람이 더 좋아하는 그런 사람으로 바뀌어질 희망도 없다. 하지만 그 사람은 삶에 그저 순응하며 살기 때문에, 삶을 중시하며, 삶이 가치 있지 않다고 말하지는 않는다.

앞에서 말한 이런 세 가지 매우 다른 유형의 그럴듯한 동기가, 삶을 가치 있지 않다는 평가와 결부시키지 않는, 그런 비존재선호 배후에 놓여 있을 수 있다. 그런 논증적인 상황은 아래와 같은 세 가지 유형 각각에서 서로 다르다. 첫째, "무차별" 유형의 경우는, 그런 설명은 우선 평가의 유약성에 그 책임을 둔다. 인생은 그저 살 가치가 거의 없는 것이기 때문에, 태어나지 말아야 했던 것을 더 선호할 여지를 남겨놓는 그런 선호는 걱정, 싫증, 까다로운 집착성에서 유래한다. 둘째, "고통" 유형의 경우는, 대조적으로, 가치 있는 삶으로서 확고하면서도 적극적인 삶에 관한 평가도 있지만, 비존재가 고통을 결여하므로 비존재를 향한 생각에 강한 매력을 지닌다. 셋째, "자기혐오" 유형의 경우는, 자신의 비존재가 자기가 인정하는 표준에 따라 선호될 수 있을 거라고 하면서, 그것은 자신의 존재가 (즐거움들이 있지만) 자신에게 혐오스러워지게 하는 것임을 인정한다.

비존재를 향한 선호도, 가치에 관한 평가도 모두 다 뚜렷하며, 각각은 애매하지 않음을 이해하는 일이 중요하다. 우리가 탐구해 온 많은 경우들에서는, 그런 선호가 애매하지 않다. 게다가, 사람들은 어떤 면에서는 그들의 삶이 가치 있고 다른 면에서는 가치 있지 않은 것으로 평가할 필요가 없는데, 이것이 비존재를 향한 선호와, 삶이 가치 있다는 평가 사이에 나타나는 불일치의 근원이 된다. 차라리, 비존재를 향한 선호가 고려되어야 할 전부다. 우리는 여기서 덧없는, 일시적인 선호에 관해서는 말하지 않는다. 존재하지 않는 어떤 것을 향해, 덧없고, 비합리적이고 일면적인 선호를 하는 것이 역설적인 것은 아닐 것이다. 비록 어떤 사람이 그런 것이 가치 있다고 여길지라도 말이다. 마지막으로, 물론 어떤 사람은 자기가 태어난 것을 선호하는지에 관한 질문에 대한 답변으로, 삶이란 가치 있지 않다는 평가를 내릴 수도 있지만, 이런 것은 문제를 불명료하게 만들 뿐이며, 내가 고찰하는 관점에서 보면 그 내재적인 동기를 결여하고 있다. 이것은 어떤 사람은 태어나지 않은 것을 선호하면서, 동시에 자신의 삶이 가치 있다고 믿을 수도 있다는 나의 논증을 완결하는 것이 된다.

윌리엄스가 주장하는 것 배후에 있는 결정적인 어떤 것을 내가 빠뜨리고 있다는 그런 주장이 있을 수 있다. 비존재를 선호하는 언급에서, 윌리엄스는 "실제 생활 내부가 아니고서는 그것을 이해할 어떠한 방법도 없다"라고 말한다. 윌리엄스가 왜 이것을, 삶이 가치 있지 않다는 확고한 평가와 결합되지 않은 비존재선호 가능성을 결론적으로 부인하는 것으로 생각하는지, 나에게는 분명하지 않다. 분명히, 그런 선호를 하는 사람은 그 사람의 생활 내부로부터 그런 것을 지녀야 한다. 왜냐하면 그런 사람은 어디에선가는 존재해야 하기 때문이다. 이런 점에서, 어떤 판단이든 "실제적인 생활 내부로부터"이어야 한다는 것이 바로 자명한 이치다. 물론, 이런 것이 윌리엄스가 뜻하는 전부일 수는 없다. 좀 더 중요한 것은, 만일 어떤 사람이 존재하지 않는다면, 그가 경험하는 것과 성취하는 것이 있을 수 없다는 그의 생각에 대해, 그 사람의 실제생활이 그런 설명을 가하게 된다는 점이다. 이런 "안에서"부터라는 두 번째 의미에서, 비존재선호는 그 사람의 생활에 의해 알려진다. 그러나 우리가 숙고하고 있는 비존재선호가 어떻게 이런 의미에서 내적으로 존재할 수 있는지, 그리고 어떻게 어떤 사람은 자기의 실제생활을 반성하면서 잠재적인 손실을 알면서도 그런 선호를 할 수 있는지 나는 보여줘 왔다고 생각한다.

하지만, 아마도 윌리엄스가 지적했던 "안에서"와 관련된 세 번째 중요한 의미가 있다. 이런 세 번째 의미에서는 어떤 사람이 태어나지 않았다면 일들이 어떻게 되었을 것인가라는 생각을 받아들이는 견지에서 그것(세 번째 중요한 의미)을 말하는 것보다는, 가치가 없는 삶 "내부로부터" 말하는 것이 더 어렵다. 그것이 더 어려운 이유는 그런 사람은 이런 마지막 상황을 이해할 수 없기 때문이다. 이런 면에서, 만일 그런 사람이 살고 있다면, 그런 사람은 "곤란하게 된다." 어떤 사람이 태어나지 않았음을 선호하는 일을, 있는 그대로, 그 사람의 현실생활에 의해 말한다는 것은, 자신의 어린 시절을 상기하는 것이 가치 있지 않기 때문임을 함축한다고 할 수도 있다. 하지만, 만일 어떤 사람이 태어나지 않았다면, 그런 어린 시절을 겪지 못한 손실을 느끼지도 않을 것이다; 그런 손실은 그도, 그의 어린 시절도 존재하기 때문에 더 강하게 나타난다. 이것은 어떤 사람이 있지도 않은 그런 자식들 때문에 후회하는 좀 덜 심한 그런 기간(또는 존재 구조)에서조차 드러날 수 있다. 만일 그런 사람에게 자녀들이 있다면, 보통은, 감성적인 면에서, 자녀들이 없는 것을 생각하는 일이 쉽지는 않을 것이다. 그러나 어떤 사람이 자녀를 둘 수는 있지만 실제로는 없는 그런 경우에 자녀들 때문에 한탄스러워함은 비상식적이다. 그것은 또한 거의 정합적이지 못하다: 만일 어떤 사람이 그 사람이 처한 상황조건에 구애받지 않는다면, 그 사람이 지금 그의 슬하에 두지는 않았지만 어떤 면에서는 둘 수도 있을 다양한 자손들이 무한대로 있게 될 것이다. 만일 우리가 이런 면에서 "외부적"
인 시각을 지닐 수 없음을 윌리엄스가 뜻한다면 — 어떤 사람이 그의
실생활에서 겪는 것을 잃게 되는 것에 관련된 채 태어났다면, 그런 사
람은 자기의 그런 실생활을 잃는 것에 대해서도 생각할 수 없다는 것
— 이 점은 나에게는 단순히 거짓인 듯하다. 사람은 단지 자기가 없다
고만 느껴지는 것이 아닌, 외부적으로 자기가 없는 그런 세계도 생각할
수 있다. 실로, 이것은 비존재를 향한 선호에서 유래하는 매력일 수도
있다. 사람들이란 이런 것이 관련된 그런 종류의 가언적-논리적인 사
고를 할 수 없으며, 단지 구체적-심리적인 사고만을 할 수 있을 뿐이라
고 믿을 이유는 없다고 본다.

　우리는 우리의 삶이, 실제로 가치 있는 삶인지의 여부를 평가할 수
있으며, 우리의 삶 내부에 있는 감정과 교감하면서, 그것이 가치 있는
삶이라고 결론지을 수도 있다. 그러나 우리는 또한 우리의 존재에 관한
전체적인 견해를 나타낼 수 있으며, 존재하지 않는 것이 무엇을 의미하
는지 이해하면서, 그것을 선호할 수도 있다. 그런 반성적인 견해로의
진입가능성이 내가 그런 경우를 주장하도록 내버려 둔다(또한 Benatar
2006을 살펴볼 것).

　몇몇 유추를 살펴보자. 자살에 관해 살펴보자: 어떤 여성은 자신의
삶이 가치 있지는 않지만 자살을 하고 싶지는 않다고 판단할 수 있다.
만일 그녀가 자신의 판단에 심각성을 느낀다면, 자기에게 딸린 부양가
족들에 대한 의무와 같은 문제들을 제쳐 놓고, 자살을 "해야 한다"라고
사람들은 말할 수도 있다. 나는 그런 견해가 지니는 미숙함이 쉽게 받
아들여질 수 있으리라 믿는다. 그녀의 가치 있지 못한 삶이 빨리 그리
고 무기력하게 마무리된다 할지라도, 그녀는 개의치 않을 수도 있다(비
록 그녀는 삶이란 가치 있다고 생각하지 않을지라도, 나는 그런 그녀를

좀 더 긴 삶에 집착하는 비이성적인 사람으로 조급히 판단하고 싶지도 않다: 어떤 사람의 "가치 있지 않은 삶"을 빼앗는 일을 싫어한다는 것으로 이해될 수도 있다). 그러나 어떤 사람은 동시에 (1)인생을 가치 있지 않은 삶으로 이해하는 것, (2)사람이 살거나 죽거나 개의치 않는 것, (3)삶을 마무리 짓기 위해 어떤 일을 하지 않는 것, 모두를 포함하는 그런 상태에 밀착되어 있을 수 있다. 어떤 삶은 가치 있지 않다고 판단하는 것과 생을 마무리 지어야 한다는 것 사이에는 차이가 있다. 유추에 의해, 어떤 사람의 삶이 어느 정도 가치 있다고 판단하는 것과, 우선은 살아 있는 것을 선호하는 것 사이에도 차이가 있다. 복지 측면에서 단지 전반적으로 보아 긍정적인 균형을 이룬다고 하는 것보다는, 태어난 것을 선호하는 그런 삶이 더 좋은 삶이다.

많은 사람들의 경우는 삶의 목적을 향한 일반적인 마음상태가 대부분 나이 들어서 흔히 나타나는데, 삶이 이미 마무리되었다면 나쁘지 않았을 거라고 그들은 느낀다는 점이다. 기대를 거는 삶의 의미나 즐거움을 그들이 발견하지 못한다고 말하면서, 그들에게 구속복(Straitjacket)을 착용케 할 수 있다고 나는 생각하지는 않는다. 아니, 그들은 몇 년 더 계속해서 존재하는 것이 나쁘지는 않을 거라고 말할 수도 있는데, 그런 일은 좋은 일일 것이다: 그럼에도 만일 내가 지금 죽는다면, 아주 좋을 수도 있다. 하나의 즉각적인 반대는 더 이상의 생각들이 여기에서 일어날 수도 있을 거라는 데 있다: 짐이 된다거나 저평가된다거나, 인생의 말미에 고통을 당한다는 공포들이 그것이다. 또는 달리, 어떤 사람은 꽤 좋은 몇 년이 앞으로 있을지라도, 그런 것들이 이전 시기와는 같지 않을 거라는 "완전주의자"들이 지니는 느낌을 지닐 수도 있는데, 그런 사람은 비교를 통해 인생의 종말을 감지할 것이다; 또는, 그 사람의 전 인생에서 평균적인 삶의 질을 통해 경험할 것이다(Hurka 1993 : 6

장). 이런 생각들이 중요할지 모르지만, 나는 그런 생각들이, 또는 유사한 요소들이, 논의 중인 견해가 인정되기 위해 제시되어야 한다고 생각하지 않는다.

그런 생각이 흔히 취하는 하나의 형태는, 말하자면, 잠자면서 의식 없이 죽어 가는 것을 선호하는 일이다. 무엇이 발생하고 있는지를 오랫동안에 걸쳐 알면서 천천히 식어 가는 그런 긴 삶과 비교하면서, 잠자듯이 죽어 가는 것을 선호한다는 말이다. 사람들은 잘 알려져 있듯이 이런 일에 관해 대비되는 선호를 지니기도 한다. 일정한 범위 내에서, 나는 무엇이 내 목전(目前)에 있는지를 알려는 그런 일반적인 선호를 지니기도 한다. 좀 더 짧은 인생이라는 대가를 지불하더라도 나는 그런 대비되는 선택을 선호하는 그런 사람을 이해하는 데 내재하는 어려움을 발견하지 못하며, 그런 사람이 다음과 같은 견해에 필연적으로 관련된 것으로 파악하지도 않는다. 그런 앎에서 유래하는 대가는, 그런 사람이 그처럼 알고 지낸 후에도 여전히 지닐 수 있는 그런 여생의 가치보다도, 경험적으로 더 크다는 그런 견해 말이다. 그런 사람은 실제적으로는 그런 비교를 하지 않을지도 모르지만, 그렇게 비교한다 하더라도, 그리고 그런 세월들이 가치 있는 삶임을 인정하더라도, 그런 무의식적인 죽음을 선호하는 것이 더 강할지 모른다. 만일 내가 갑자기 죽지는 않지만, 삶이 계속해서 점차 식어 가고 있다면, 나는 종종 이런 일이 좀 더 나중에 주어지는 것에 감사하면서, 나의 삶에서 이런 시기가 가치 있는 삶이었다고 생각할는지도 모른다. 하지만, 나는 이런 여생 없이 무의식적인 죽음을 선호할 수도 있다. 어떤 사람이 그것에 의하여, 이런 교환 속에서 가치 있는 삶일 수도 있을 몇 달이나 몇 년을 잃는다 할지라도, 의식 없이 죽기를 원하는 것이 명백히 비합리적인 것은 아니다. 우리가 비존재를 선호하면서 파악하는 것들과 비슷한 이유들이 — 삶의 무의미함, 악의 돌출, 그리고 자기혐오 — 사람들이 삶의 마지막 부분에 관해 숙고할 때 나타난다.

나는 마지막 두 단락에서 다음과 같은 아주 다른 두 종류의 내용들을 융합하는 것에 대해 책망을 받을 수도 있다: "태어나지 않음으로 인한 비존재"와, "조기 사망으로 인한 비존재" 때문에 말이다. 여기에는 명백한 차이점들이 있다. 어떤 사람이 일찍 죽는 것을 선호할 때, 그런 사람은 보통 태어나지 않은 사람들은 함께 나누지 못한 어떤 가치 있는 삶을 그때까지는 살아 왔다고 생각할 것이다(Kamm 1993 : 1부 참조). 하지만 조기사망선호에 관한 생각은 비존재선호에 관한 우리들의 직관을 애먹인다. 적어도 이런 논의는 우리가 비교에 의한, "양적"인 사고방식에 의문을 품는 데 도움이 되어야 한다. (우리가 살펴 왔듯이) 조기사망선호에 대한 "수용가능성"은 많은 "가치 있는 삶의 기간"을 잃게 될 때조차도 부인될 수 없다. 초기 비존재(initial non-existence) 선택은, 매력적이긴 하지만, 어떤 사람의 삶이 가치 있는 것일 때도 그런 존재 시기를 "포기"해 버리는 그런 조기사망을 선택하는 것과 동등한 선호를 나타내는 것 같다. 어떤 면에서는, 태어나지 않음과 관련된 생각 속에서 이루어지는 "포기"라는 특성은, 가치 있지 못한 삶을 평가하려는 일을 (더 쉽게 하기보다는) 훨씬 더 어렵게 한다. 앞에서 언급된 두 번째 의미에서는, 나이든 시절에 몇 년 더 사는 것을 선호하지 않는 사람은, 삶의 "내부"로부터의 평가라는 관점에서 어떤 것을 포기하는 것이 된다. 태어나지 않음에 대한 선호는 그런 앎이나 평가의 결여가 풍기는 매력과 관련되어 있다.

마지막으로, 어떤 사람은 그의 삶이 가치 있다 할지라도 태어나지 않은 것을 선호할 수도 있음을 우리가 이해하는 일이 중요하다. 우리는 우리의 견해를 뒤집을 수도 있다: 어떤 사람은 태어나지 않은 것을 좋아한다고 느낄지라도, 여전히 다양한 면에서 가치 있는 삶을 발견하면서 살아갈 수 있다. 우리의 평가와 행위의 적응성 간의 관계에서도 그렇듯이, 우리가 내리는 서로 다른 평가는 일반적으로 이해되는 것보다 더 떨어져 있음을 엿볼 수 있다.

역설적으로, 태어나지 않은 것을 선호하는 것이 어떤 이의 삶이 가치 있지 않다는 평가의 귀결일 필요도 없고, 그런 선호가 이런 평가를 함축할 필요도 없다. 우리는 이런 생각들이 지니는 독특함을 이해하기 위해, 일단의 방법들을 탐구해 왔다. 인생의 많은 측면들을 찾아내지 못하는 사람이나, 인생의 목적은 알지만 어려움으로 말미암아 짐승같이 된 사람이나, 스스로를 깊이 혐오하지만 삶이 가치 있지 않다고까지는 주장하지 않는 사람들이, 생애 초기부터 그런 것은 아니지만, 여전히 그런 전반적인 것을 인정하면서 살아올 수 있었는지를 우리는 지금 이해할 수 있다.

11 메타-역설: 역설들은 나쁜가?

A Meta-Paradox: Are Paradoxes Bad?

> 공격할 가치가 있는 문제들은, 뒤통수를 되받아침으로써 그 가치를 입증한다.
>
> 피에트 하인, *Grooks*

진정한 역설은 어떤 것이 잘되어 가지 않는 어떤 신호이다. 모순과 불합리성은 좋은 소식이 아니다. 아마도 우리가 도덕적인 역설에 직면할 때는, 훨씬 더 불만족스러워하는 것이 당연하다(또는 적어도 한층 더 불만족스럽다). 그리고 그런 역설이 떠나가거나 어느 정도 극복되기를 바라는 것이 당연하다. 더욱이, 우리는 역설들을 피하도록 도덕적인 생활을 정리해야 한다.

그런데 불합리스럽게도, 이것이 그렇지 않다. 문제는 복합적이지만, 적어도 우리가 탐구해 온 그런 도덕적 역설들의 범위 내에서는, 우리는 역설을 언제나 피하거나 약화시켜서는 안 됨을 알 수 있다. 우리는 역설이 발생하는 것에 대해 언제나 불만족스러워해야 할 필요도 없다. 반대로, 역설들은 흔히 일들이 도덕적으로 그리고 개인적으로 잘되어가는 어떤 신호이기도 하다. 역설은 낙관적인 지표일 수도 있다. 우리는 일들이 좀 더 역설적인 것이 되도록 하기 위해, 일들을 정리하기조차 해야 한다고 나는 종종 주장하려 한다.

역설들은 여러 의미에서 그리고 여러 면에서 좋거나 나쁠 수 있다: 세상이나, 우리의 지식상태나, 합리성이나, 일반적인 도덕상태나, 철학 등에 관해 역설들이 함축하는 것에서 말이다. 우리는 결론을 이루는 장 (12장)에서 이러한 쟁점들에 관해 물음을 제기할 것이다. 여기서 우리 는 도덕적이고 개인적인 생활을 더 낫게 하거나 더 나쁘게 한다는 면에 서, 우리가 도덕적인 역설들을 지니는 것이 좋은지 나쁜지에 관한 질문 에 초점을 맞출 것이다. 이런 물음은, 내가 알고 있는 한, 이제까지는 결코 요청되어 오지 않아 왔다. 그럼 몇몇 경우들을 보면서 시작하기로 한다.

"다행스런 불운"을 고찰해 보자, 우리가 상기하는 다행스런 불운이 라는 상황에서는, 명백히 그리고 엄청나게 어떤 불운인 듯한 것이 좋은 행운으로 이어진다. 만일 다행스런 불운을 겪은 사람들의 삶에서, 결과 적으로 좋은 행운이 초기에 겪었던 그런 불행 없이 이루어진 것보다 훨 씬 더 낫다고 하면, 초기의 그런 불행이 실제로 불행이었는지의 여부는 불명료한 것이 된다.

"다행스런 불운의 역설"은 불운하지 않다면 존재하지 않지만, 사람 들에게는 그런 불운이 종종 일어나곤 한다. 그렇다면 역설은 피해질 수 있지만 상당한 대가를 치룬다: 만일 불운이 존재하지만 그것 때문에 피 해자들이 아비게일과 아브라함이 그랬던 것처럼 그런 역경을 극복하지 못한다면, 실패, 실망, 비참으로 이어지는 불운만이 있게 되는데, 그런 것은 역설이 아니다. 불운이 존재하는데 그것이 행운인 것으로 된다면 그런 불운은 더 좋은 것이다: 그런 것은 아비게일과 아브라함과 같은 사람들을 위해서는 하나의 승리가 되는 일이며, 우리들의 세계를 더욱 더 좋은 것으로 만든다. 역설로 마무리되는 것에서는, 잘못된 어떤 것 을 찾아보기 힘들다. 삶을 역설로 만드는 것은 하나의 성취다; 그런 것에 의해 삶이란 의미를 지니기 시작한다. 역설의 존재는 슬퍼할 일이 아니다. 오히려 환호하면서 맞이할 일이다. 왜냐하면 그런 일은 불운이 극복되어, 행운을 향한 발사대(lauching pad)로 바뀌는 인간정신의 승리 이기 때문이다. 비록 역설성이 증대된다 할지라도, 승리가 더 크다면, 더 좋은 일이기 때문이다.

"유익한 퇴임의 역설"은 아주 다른 상황을 나타낸다. 그러나 여기서 도 마찬가지로 그 역설은 피할 수 있다: 이런 역설을 피할 수 있는 한 가지 방법은, 사람들이 자기들이 중요시하거나, 특별한 기술이 요청되 는 그들이 종사하는 직업들을 더 이상 선택하지 않는 일이다. 그렇게 되면, 사람들은 자기들이 직업을 잃게 될 경우, 그들보다 훨씬 더 유능 한 어떤 사람이 아마도 그들 대신 일을 하게 될 것임을 알게 됨으로써 진퇴양난에 빠지지도 않을 것이다. 그런 역설을 벗어날 또 다른 방법 은, 직업을 구하려는 신입사원들의 흐름이 줄어들면, 이미 그런 직업에 종사하는 사람들은 그런 역설을 피하게 될 것이다 ― 그들은 가능한 대 체에 관해 생각할 필요도 없다. 그러나 그들이 종사하는 직업에서, 그 들이 직업에 아주 잘 임하려는 야심을 지니지 않기를, 소명으로서 대하 지 않기를, 탁월하게 일을 하는 것도 삼가기를 우리가 바라는 것은 아니다. 비록 그런 것들이 사람들의 위험(역설에 의해 직면하게 될)을 필연적으로 수반하거나, 사람들이 그들이 선택한 직업 내부에서 그런 것들에 직면한다 할지라도, 우리는 이런 일들을 원하지 말아야 한다. 사람들마다 단지 맥도날드에서만 일하기를 바라는 그런 세계의 경우 역설에서는 벗어날지 모르지만, 동시에 그런 세계는(햄버거용 쇠고기 로 채워진) 악몽이기도 하다. 좋은 삶도 좋은 사회도 "유익한 퇴임의 역 설"에 관련되어 있는 그런 유형의 도덕적·사적인 위험을 제거하는 것 이 의무가 아니다. 우리는 역설에 해를 가하지 않는 안전한 세계를 이룩하도록 노력해야 한다.

이런 일이 우리를 극단적인 반대로 인도하지는 말아야 한다: 개인들이 그들의 전문직업을 계획하는 일은 중요하며 (우리가 이런 역설을 논의할 때 언급하였듯이, "아마도" 무지에서 유래하는 가능한 이익에 기인하는) 그런 역설은 그와 같은 계획이 이루어질 때 고려될 필요가 있다. 그러나 이런 역설이 지니는 특징은 또한 좋은 징조이며, 다시 말해 많은 사람들이 중요한 직업과 일에 대해 의의 있는 기여자이기를 열망하기 때문에 각자가 탁월해지는 그런 징조이다. 개인적인 그런 유형의 야망은 장려되어야 한다 — 비록 이런 것이 역설의 보급을 증진시킬지라도 말이다. 게다가 사회적인 전망에 의해, 직업의 문을 두드리는 젊고 유망한 의사들, 형사들, 학자들을 무한정으로 공급하는 것도 우리는 원하지 않아야 한다. 그러나 그와 같은 어떤 과잉은, 그런 것이 역설을 형성하더라도, 직업과 직업이 기여하는 것들을 위해 좋은 일이다.

"정의와 엄한 처벌에 관한 두 역설"은 또 다른 물음들을 불러일으키며, 문제들이 더 복잡함을 우리에게 보여 준다. 그런 역설들은 상벌도 억제도 모두 형을 선고하는 데 중요한 역할을 해야 된다는 규범적인 주장에서 추론되기 때문에, 우리는 둘 가운데 하나를 선택함으로써 그런 역설들을 피할 수 있다. 그러나 그렇게 피하는 것이 우리가 원하지 말아야 하는 그런 것이기도 하다: 역설적인 논증의 결론은 그 전제에 의존하지만, 우리는 참인 전제를 버림으로써 그런 결론도 피하는 것을 원하지는 말아야 한다. 이런 면에서, 역설의 존재가 비존재보다 더 낫다는 것은 평범하지만 맞는 말이다.

물론, 우리는 여기서 판단을 필요로 한다. 우리가 일단 "실존적인 역설" — 충분히 생각한 후에도 여전히 불합리한 것으로 밝혀지는 역설로서 그 진리성이 거부될 수 없다 — 의 범주를 받아들이면, 일련의 역들이 불합리성으로 이어진다는 사실이 그런 근거들에 대한 자동적인 거부를 필연적으로 함축하지는 않는다. 그런 불합리성이 엄격한 모순을 함축하지 않음을 상기하라. 때때로 그런 불합리성은 결정적이다(이것은 "기선의 역설"이 선택-평등주의에 관한 성공적인 간접증명법이 되는 이유이기도 하다). 그러나 그런 처벌의 경우에, 억제나 상벌을 포기한다는 것은 (완화되는 상황을 수용한다는 점에서) 규범적으로 받아들여질 수 없다. 차라리, 우리는 일정한 불합리성과 관련된 비극과 더불어 살아야 한다. 정의에 관한 현 체계들이 적절한 숙고를 고려하지 않는 한(말하자면, 그런 체제는 역설을 완화하는 일에 관해 충분히 배려하지 않는다), 그런 체계들은 덜 역설적이긴 하지만 또한 더 불공정하다.

레셔(Nicholas Rescher 2001)는 역설들이란 철학적인 "과잉언급"의 산물이라고 주장한다. 역설들을 극복하기 위한 방법은 역설을 발생시키는 그런 언급들을 감소시키는 데 있지, 수많은 신념들을 시인하는 데 있지 않다. 나는 이런 진단이 모든 역설들에 해당된다고 생각하진 않는다; 역설의 원천은 다양하다(그리고 우리는 이것에 관해 나중에 더 말할 것이다). 그러나 "정의와 엄한 처벌에 관한 두 역설"과 더불어, 과잉언급과 관련된 쟁점은 두드러지며, 그런 쟁점은 억제에 관해서도 상벌에 기초한 완화에 관해서도 모두 다 우리들의 주장과 관련되어 있다. 하지만 여기에서조차도 레셔가 과잉언급이라고 일컫곤 하던 것이 포기되어야 하는지는 명백하지 않다. 어떻든, 억제에 관해서도 완화에 관해서도 그런 언급이 잘못인 것 같지는 않다: 그것은 오히려, 도덕적인 실재성이 부족하다는 점이다. 우리가 최소한으로 수용할 수 있는 도덕적인 언급인, "과잉언급"을 요청하는 것은 오도적(誤導的)일 수 있다. 비록 과잉언급이 역설적인 결과를 받아들이는 일을 필연적으로 수반한다 할지라도, 우리는 도덕적인 언급들을 포기하지 말아야 한다. 그런 것들을 포기하는 일은, 처벌의 맥락에서 역설과 불합리성의 영향력에 관해, 우리가 여기서 배워 온 과제를 상실하는 것이 될 것이다.

하지만 "정의와 엄한 처벌에 관한 두 역설"은 우리들에게 역설성을 제한하는 좋은 방법을 제공한다: 만일 우리가 죄악을 감소시킬 수 있으면, 형벌을 가하는 데서 나타나는 역설성도 덜 흔하게 될 것이다. 역설성의 감소를 성취하는 또 다른 언뜻 보기에 좋은 방법은, "특권층에 속하는 사람들"과 "그렇지 못한 사람들" 사이에 나타나는 간극을 줄일 수 있다는 점이다. 반면에 나쁜 방법은 더 작은 죄악을 포착하는 일이다. 이런 모든 것은 역설을 피하려는 생각도 상당히는 말해져야 함을 보여준다. 사실상, 내가 이해하는 한, 이런 역설에 관해 좋은 것이란 없다. 이상스러움이 강조되는 때란, 대비되는 몇몇 상황에서는 역설들이 환영되고 장려되기조차 함을 우리가 발견할 때 드러난다.

우리는 역설성을 띤 잠재적인 장점을 깊이 추구할 필요가 없다: 엄한 처벌에 관한 화제는 우리에게 "비처벌의 역설"도 제기한다. 비처벌에서는 이율배반 가운데 한쪽 뿔을, 우리가 어떻게 실제적인 처벌에 의지하지 않고도, 억제하는 데 성과를 올리면서 유혹을 거절할 수 있는지 묻는 일이다. 그러나 유혹에 빠지고 처벌로 협박하는 일을 택하는 (실천은 말할 것도 없고, 그런 것을 이론으로 수용하기조차 하는) 것도 역설성을 포용하고 고양하는 일이다. 달리 말하면, 도덕적인 어떤 역설 상태는 종합적으로 보면 너무나 바람직해서, 우리는 의도적으로 그것을 야기하는 일을 바라기도 한다.

"기선의 역설"은 선택–평등주의에만 관계하며, 그것에 관한 결과는 파괴적이다. 여기서 그 역설은 실로 회피할 필요가 있다; 그리고 우리는 선택–평등주의를 선택하지 않음으로써 그렇게 할 수 있다. 그런 역설은 우리로 하여금 그런 전제들을 다시 생각하도록 강요한다. 그러나 이런 것은 우리가 겪는 역설들 가운데 정형에 맞지 않는 이상한 것이다. 우리가 이미 파악해 왔던 것처럼, 대부분의 역설들의 경우는 이런 식으로 극복될 수 없다.

환영받을 수 있는 역설들의 집합에는, 또한 도덕성과 도덕적인 가치가 가로놓여 있다. 고통과 쓰라린 잘못을 감소시키는 일은 도덕적인 이득이며, 성원을 보내야 하고 옹호되어야 한다. 참으로, 이것은 또한 최고 형태의 도덕적인 가치를 성취하도록 압력을 가하기도 한다. 그러나 이로 말미암은 부산물이 고통과 쓰라린 잘못을 감소시키려는 우리들의 적극적인 견해를 바꾸기 위해 허용될 수는 없다.

"도덕성과 도덕적인 가치의 역설"이 도덕적인 증진을 위해 얼마나 철저하게 흔적을 남기는지를 안다는 것은 흥미롭다. 처벌의 역설은 범죄가 존재한다는 것에 의존하며, 사람들이 처벌의 협박 없이도 준법적이며 도덕적이라면, 그런 처벌의 역설은 적절하게 사라질 것이다. "도덕적인 불평의 역설"이 지니는 특징조차도, 만일 사람들이 더 도덕적이 된다면 쇠퇴할 것이다. 도덕성과 도덕적 가치의 역설에서는, 문제들이 서로 대비되는 방향으로 나아간다: 도덕적인 증진은 도덕적 가치를 높이려는 요구를 제거시킬 수도 있다. 도덕적으로 완전한 세계에서는 도덕적으로 더 높은 가치를 향한 요구도 없다. 좋은 것은 불합리하다. 도덕적 증진이 더해지면 더해질수록, 역설성도 더욱 위대해져 간다. 여기서 선과 역설성은 가장 근본적인 면에서 손에 손잡고 함께 나아간다.

그러므로 정확한 판단이 분명할 때조차도, 역설성은 앞에서 제시된 그런 애매성을 가져온다: 우리가 다른 역설들에서 그랬던 것처럼, '얻는 것'은 '잃는 것'을 초래한다는 사실을 우리는 여기서 안다(마찬가지로 '잃는 것'은 '얻는 것'을 초래할 수 있다). 고통과 쓰라린 잘못을 제거하는 상태에서 한탄하는 것이 중요한 어떤 것이라는 바로 그런 사실이 이런 역설성을 보여 준다. 그런 애매성은 도덕적으로 나쁜 일들에 관해 미안해하지 않는 것에서 흔히 화제가 된다. 다른 사람들의 불행을 통해서는 성공하지 못하는 그런 세계에 살기를 우리는 바랄 수도 있다. 그러나 그런 세계란 실재하지 않는다: 경쟁이 있는 곳마다, 다른 사람들에 대한 사랑 때문이든, 그들의 사업 때문이든, 세상에서 배움이나 아름다움을 증진시키려는 기회 때문이든, 더 잘 안 되는 그런 사람들이 있게 마련이다. 나쁜 일들이 다른 사람들에게 발생할 때, 미안해하지 않는 것이 허용되지 않는다면, 이런 사회적·감성적인 삶의 특성을 희생시키는 것은 참을 수 없는 일이 된다. 우리가 사는 세상이 다소 경쟁적이기를 바라는 것이 어느 정도 흥미로운 논제이긴 하다. 그러나 어떠한 현실적인 모형도 다른 사람들의 불운을 슬퍼하는 것에 방심하는(적어도 슬픔의 형식에서) 곧, 성공적으로 그리고 행복하게 직분을 다했음에도 그런 슬픔을 나타내는 데 방심할 여지를 남겨 놓는다.

나쁜 일들이 다른 사람들에게 발생할 때 곧, 나쁜 사람들(인종주의자, 강간자 등)이 그들이 당연히 받아야 할 죄를 벗어나 있을 때, 미안해하지 않는 일이 가능하거나 또는 행복해하기조차 한다는 그런 두 번째 상황을 우리가 숙고한다면, 이런 일은 더욱 명백해진다. 확실히 성경이 우리들에게 경고하여 왔듯이, 적들이 몰락하게 되면 많은 행복이 있을 수 있다. 그러나 현시점에서 우리는 그 가운데 몇몇에 관해서는 참을 필요가 있다. 다시, 경쟁과 더불어, 관용적인 사람들이 지니는 자연적인 감수성은 역설이란 참을 필요가 있음을 함축한다. 여기에 아마도 역설이 존재한다는 것이 좋은 징조이기는 하지만, 우리는 그것을 나쁜 것으로 파악할 필요는 없음을 말할 정도로 그렇게 진척되는 것을 바라지도 않을 것이다.

앞에서 제시된 것들 가운데 어떠한 것도, 역설성이 본래 좋다거나, 그렇지 않으면 그것이 가치 있는 것으로 전형적으로 인지되어서는 안 됨을 보여 주지 않는다. 그러나 우리가 이제껏 보아 왔듯이 역설성은 종종 일단의 이유들 때문에 우호적으로 여겨질 수도 있다: 좋은 일들에 속하는 표시로서, 좋은 일들에 속하는 (종종 해롭지 않은) 부산물로서, 좋은 것을 보여 주려고 노력하는 어떤 것으로서, 그리고 어떤 경우들에서는 아마도 좋은 것의 진수(眞髓)를 이루는 부분으로서조차도 말이다. 나는 우리가 역설성 그 자체를 고양해야 한다고는 생각하지 않는다. 물론, 그런 역설성은 세계에 특색과 다양성을 더할 수도 있다. 그러나 우리는 여기서 도덕성에 관해 말하고 있음을 잊어서는 안 된다. 도덕적인 생활을 더 불합리하게 하려는 것이, 본래의 목적이 아니다. 불합리성 그 이상의 것이 도덕성에는 있다.

우리는 도덕적인 역설들이 왜 단순히 풀려질 수 없는지에 관해, 그리고 나쁠 필요가 없는지에 관해 우리들의 이해를 깊게 할 수도 있다. 만일 우리가 "역설들이 어디에서 유래하는가?"라는 물음에 관해 반성한다면 말이다. 어떤 경우에서든, 이상한 상황들이 상식적인 가정들 ("역경은 불행이다", "만일 어떤 사람이 그의 삶을 가치 있는 삶으로 여긴다면, 그에게는 태어난 것이 반가운 일이다")을 그르치거나, 또는 역설을 일으킨다는 면에서 적어도 의심을 품게 할 것이다. 이따금씩은, 드문 것이라기보다는 광범위하게 흔히 일어나는 상황들이 있다: 예컨대, 덜 처벌을 받을 만한 범주에 속하는 사람들이 더 처벌을 받음으로써 죄를 억제하는 그런 유형의 사람이 된다는 사실이 그렇다. 또는 그런 역설은 우리가 일들을 좀 더 성공적으로 처리할 수도 있다는 생각으로부터 단순히 출현할 수도 있다("정의체계는 공정치 못한 처벌로는 위협적일 수 없다"라는 일반적인 가정이, 비처벌에서 의문시되는 것처럼 말이다). "도덕적으로 나쁜 일들에 관해 미안해하지 않는 것"과 같은 역설의 근원은 매우 다른데, 그 까닭은 그런 것이 우리가 도덕적인 사람에게서 기대할 수 있는 것에 속하는 감정적-규범적인 한계에 기초하기 때문이다. 대조적으로, "유익한 퇴임"의 경우에는, 많은 사람들로부터의 기대가 우리가 이전에 인식하여 왔던 것보다 큰데, 주로 성실이라는 개념이 그런 상황에서는 작용하기 때문이다. "도덕적인 불평의 역설"은 핵심을 이루는 도덕적인 개념의 특성으로부터도, 우리가 지닌 근본적인 도덕적인 직관으로부터도 나타나는데, 이런 것들은 불평에 관한 두 가지 대비되는 처지를 야기한다. 나는 모든 역설의 원천들을 세밀히 조사하지는 않을 것이다.

그렇다면 여기에 많은 다양성이 있다. 역설들은 일상적이든 아니든 다루기 힘든 사실들로부터, 도덕적인 감정이라는 합리적인 제한으로부터, 도덕적인 개념이 작용하는 방식으로부터, 그리고 핵심적인 도덕적인 직관으로부터 나타날 수 있다. "실존적인 역설"이라는 개념이 우리들의 이해를 돕는 일 가운데 하나는, 도덕적 역설들이란 도덕성에 깊이 배어 있으며, 아마도 그것에서 완전히 헤어날 수는 없다는 점이다. 도덕적 역설들을 피하려는 갈망은 우리를 도덕성으로부터 떼어놓으려 할는지도 모른다. 더욱이, 몇몇 도덕적인 역설들은, 우리가 보아 왔듯이 사회적·도덕적인 발전이라는 상황에서 유래한다. 어떤 경우이든, 그런 역설들은 우리가 적절한 사실, 구별, 개념 및 직관을 좀 더 잘 알게 됨에 따라, 더욱 드러날 수 있는 듯하다. 우리의 이해가 증대됨에 따라, 역설성에 대한 우리들의 인식도 그렇게 되고, 그 깊이와 견고한 특성에서도 그렇게 된다.

많은 것이 ― 또는 어쩌면 모든 것들에서조차도 ― 역설적일 수 있는 그런 도덕적인 세계에서 산다는 것이 무엇을 뜻하는지 심사숙고하는 것이 흥미로울 것이다. 그런 것은 거의 기대하기 힘든 어떤 것일 수도 있다. 그러나 도덕적인 세계 내에서의 어떤 위치에서 행해지는, 어느 정도의 역설성은 놀랍게도 좋은 것으로 밝혀진다. 역설이 없는 도덕적인 명확성보다는 역설로 말미암은 "어수선함"을 지니는 일이 종종 더 낫다.

단순하면서도 포괄성과 체계성을 띤 윤리적인 체계나 세계관에 근거한 이상향이, 철학적으로는 매력적이다. 그리고 도덕적인 삶이란 뜻이 잘 와 닿는 그런 희망을 사람들이 나누는 것이어야 한다. 이상도 희망도 모두 다 도덕적 역설의 존재에 의해 왜곡된다; 이런 점은 마지막 장에서 취급될 것이다. 나는 도덕적 역설의 존재에 따른 만족을 북돋우기를 바라지 않는다. 철학적인 이상에 어둡고, 인간의 희망에 둔감한 것이 칭찬받을 만한 것이 아니기 때문만이 아니다. 우리가 처벌의 예에서 보아 왔듯이, 역설성을 감소시키고자 하는 것은 흔히 좋은 일이다. 하지만, 흔히, 이런 것이 현재의 메타-역설을 창조하는 경우는 아니다. 우리들을 밖으로 노출시키는 헤어진 담요처럼, 도덕적 역설들이 그런 일들을 지시한다고 생각함이 자연스럽다. 그러나 이런 은유는 전환될 수 있다: 도덕적인 담요는 역설이라는 재료로 만들었기 때문에, 더 많이 덮을 수도 있다. 수많은 도덕적 역설이 존재할 뿐만 아니라, 때때로 이런 것은 좋은 것이어서, 우리는 실제로는 역설로 말미암아 행복해할 필요가 있으며, 역설성을 증진시키는 그런 실현에 익숙해질 필요도 있는 듯하다.

12 도덕적 역설에 관한 숙고

Reflections on Moral Paradox

만족스러움은 자아 내부에서 역설들에 양다리를 걸치는 능력에 달려 있다. 창조
성은 자아, 물질 및 그와 관련된 외부세계 사이에서뿐만 아니라, 자아 내부에서
이루어지는 역설의 참신한 타협에 달려 있다.

스튜어트 A. 파이저, 『다리 건설: 정신분석에서 역설의 타협

Building Bridges: The Negotiation of Paradox in Psychoanalysis』

이 책의 목적이 도덕적 역설들로 채워지기에 이른 것은, 신체적인 위험
이나 불운에 맞닥뜨리기 위해 요청되는 그런 기술에서, 사람들을 교육
하는 어떤 "생존" 과정을 완수하는 일에 비유될 수 있겠다. 우리들은
예기치 못한 변화를 겪어 왔으며, 믿을 수 없는 견해와 함께했으며, 알
지 못하는 짐승들, 숨겨진 덫과 위험한 진퇴양난에 마주쳐 왔다. 새로
운 문제들이 새로운 도전을, 위협적인 가정들을, 잘 증명된 원칙들을,
그리고 상식적인 사고습관들을 내놓았다. 우리에게 단순한 것이 아주
좋은 것은 아니며, 우리는 앞으로 나아가면서 만족해야 한다. 마지막까
지 우리는 편안함을 느낄 수 없으며, 악몽 같은 무서운 경험들이 지속
될 것이다. 왜 괴로운가? 경험의 질을 위해, 획득될 자각을 위해, 그리
고 닥쳐올 일들을 준비하기 위해서다.

이런 철학적인 역설들이 우리가 도덕적으로 그리고 한 인간으로서 주목할 필요가 있는 쟁점들을 제기한다. 도덕적 역설들은 도덕철학을 한다는 것이 흥미로울 수 있음을 보여 주지만, 그런 역설들이 문제들을 불안하게 야기함도 보여 준다. 도덕적 역설들은 우리들을 더욱 현명하게 할 뿐만 아니라 우리가 알지 못하는 것을 발견하게 하는 소크라테스적인 사려를 하게 할 수도 있다.

어떤 역설들은 낯익은 논제들(처벌, 평등성, 보편성)을 취급하며, 그런 것들에 관해 새로운 것들을 언급한다. 그런가 하면 다른 역설들은 설사 꾸미는 일이 있다 할지라도 역설들에 거의 담겨 있지 않은 문제들을 취급하는 경우도 있다: 나쁜 사건이 언제 불운인가? 사람들은 언제 퇴임해야 하는가? 사람들은 자기의 삶이 가치 있는 삶이라 생각할지라도 태어나지 않음을 선호할 수 없는가? 사람들은 도덕적으로 나쁜 일들이 다른 사람들에게 발생하는 것에 행복해할 수도 있는가? 좀 더 일반적으로, 우리는 역설들이 "실존적"일 수 있으며, 그럼으로써 그런 "허물"이 전제나 논증 속에 있는 것이 아니라, 도덕적인 또는 개인적인 실재성 속에 있으며, 그런 허물이 바로 역설적임을 배워 왔다. 역설 그 자체는 잘못이 아니지만 불합리성을 드러낸다. 또 다른 발견은, 도덕적 역설은 좋을 수 있으므로, 그런 역설성은 북돋울 필요가 있다는 점이다. 이 책의 마지막 장에서, 나는 우선 개별적인 역설들에 대한 우리들의 여정(旅程)에서, 어떤 길잡이가 되는 이정표를 짤막하게 점검한 후에, 우리가 이런 여정에서 배울 수 있는 것에 관해 좀 더 광범위하게 곰곰이 생각해 보려 한다.

믿음에 속하는 두 개의 집합들이 각각 강하게 옹호되긴 하지만, 서로 모순을 드러내는 이율배반적인 역설들을 생각해 보기로 한다. 우리는 둘 다 포기하는 법을 알 수 없는 것이 아니라, 둘 다 모두 고수할 수 없다. 1장 "다행스런 불운"의 경우는, 일단 우리가 그것이 불운이 아니었음을 알게 되자마자, 그런 반응을 초래한다. 5장 "비처벌의 역설"은 명백히 수용불가능한 제안이기는 하지만, (어떤 범위 내에서는) 처벌도 범죄도 없는 정의체계를 통해 성취해 보려는 그런 불가항력적인 유혹을 나타낸다. 9장 "도덕적인 불평의 역설"에서, 사람들은 어떤 상황에서는 도덕적으로 불평할 수 없다는 생각에 의해, 그러나 또한 사람들이 그렇게 하는 것이 가능하다는 생각에 의해, 우리들의 주의를 끌게 된다. 그리고 두 가지 결론 모두 동일한 원칙으로부터 이끌어내지는 듯하다. 2장 "유익한 퇴임의 역설"도 이런 형식에서 출발한다: 확실히 P이지만, 불가피하게 P가 아닌 그런 것에서 말이다. 하지만, 결국, 이런 역설은 참된 역설로서 진실을 말하는 진영에 속할 수도 있다. 왜냐하면 원치 않는 퇴임처럼 불합리한 듯한 경우는 논의의 여지가 있는 중요성을 지니기 때문이다(진실을 말하는 역설들에서는, 우리가 상기하건대, 불합리한 듯한 결과가 참인 것으로 보여진다). 유사하게 중요한 것은 "태어나지 않음을 선호하는 것"(비록 어떤 사람이 가치 있는 삶이었음을 안다고 할지라도 태어나지 않음을 선호할 수도 있다는 생각)과 "도덕적으로 나쁜 일들에 관해 미안해하지 않는 것"(도덕적으로 나쁜 사건에 관해, 어떤 사람은 결코 미안해하지 않거나 행복해하기조차 하는 아주 그럴듯한 생각)이다.

3장 "정의와 엄한 처벌에 관한 두 역설"에서는, 상응하는 신념과 가치들(억제와 공적에 근거한 완화)이 서로 대조를 이루지만, 허물이 실재하는 듯하다. "그것이 인생이다"라는 말을 우리는 "인생이란 그저 역설적이다"라고 말할 수도 있다. 그런 역설이 실존적인 듯하다. 4장 "공감"은, (아마도) 우리가 가장 역설적임을 발견하는 도덕적인 비난에 걸맞는 그런 공감(공감에 관해 좋은 것은 없다)을 우리가 왜 선택하는지에 관해 답변을 구한 장이다. 그래서 공갈에서 유래하는 수수께끼와 같은 상태에 대해 어떤 해결이 있는 듯하지만, 이런 해결은 역설적이다. 우리 스스로 역설적인 것에 얹혀 있어야 우리는 비로소 휴식을 취할 수 있다는 수용불가능한 역설을 포함함으로써, 문제를 해명할 수 있다. 다시 말해, 우리는 역설을 수용하며, 역설과 함께 살 필요가 있다. 나는 그와 같은 해석을 선호한다. 다시 한 번 말하지만, 우리가 다른 해결을 발견하지 않는 한, 우리는 그런 역설성에 우리 몸을 맡겨야 한다. 8장 "도덕성과 도덕적인 가치"에서, 우리는 역설이 실존적이며, 해결이 없음을 안다. 왜냐하면 역설성은 일들이 좋을 때 발현하며, 일들이 증진할 때 성장하기 때문이다. 도덕적으로 우리는 역설성에서 벗어날 수 없다. 좋은 것과 불합리한 것은 서로 분리할 수 없다.

7장 "기선(基線)의 역설"은 명백히 이런 역설들이 지닌 많은 특성들을 나타낸다: 역설성을 드러내는 다양한 방법들이 가능하다. 우리는 역설 가운데 이율배반형의 예로, 무엇이 이루어지고 있는지를 설명할 수 있다(한편으로는, 무능력자들이 '정상'(頂上) 수준의 수입을 올려 빌 게이츠처럼 되지만, 다른 한편으로는 그런 사람들이 그들의 능력을 능가하는 거대한 이득을 취하면서 생활한다는 것은 곤란하다; 그리고 어떠한 해결도 양자 모두의 요구를 만족시킬 수는 없는 듯하다). 선택에 고도의 긍정적인 가치를 두는 것이, 선택을 아주 난처하게 할 수도 있다는 바로 그런 사실에, 어떤 어려움이 있음을 우리는 알 수 있다. 그러나 우리가 역설을 선택-평등주의에 환원되는 것으로 파악한다면, 아마도 역설을 잘 이해하는 일이 된다: 본인의 허물이나 선택 없이는 다른 사람보다 더 잘 지낼 수 없다는 생각에 우리가 매료된다 할지라도, 우리들 대부분은 이런 것이 필연적으로 수반하는 것을 발견하는 데 몹시 질리게 될 것이다. 7장에서 다루는 선택-평등주의는, 말하자면, 어떤 기만적인 역설을 산출한다. 평등주의자들이 하는 가정 속에 있는 기본적인 어떤 것은 수정될 필요가 있다. 역설성이 양자택일적인 방법 속에서 밝혀질 수 있다는 사실은 "역설"이라는 개념을 지나치게 좁게 정의 내리려는 그런 제한적인 것이기도 하다. 역설들은 다양하며, 속박되는 것에 저항하는 야생적인 것이다.

우리가 고찰해 온 대부분의 역설들은 전통적인 역설들의 울타리 내에 있다. 윤리학자들은 그들이 다루는 문제들에 "역설"이라는 용어를 적용시키는 것이 부적절하다고 느낄 필요는 없다. 예컨대, 도덕적 불평이라는 이율배반형 역설은 철학 어느 곳에서든 널리 퍼져 있는 많은 이율배반형 역설 못지않은 그런 역설이다. 1장 "다행스런 불운"이나 5장 "비처벌의 역설"은 우리들에게 고전적인 많은 역설들처럼, 반성과 직관("대히트wow"의 느낌처럼)에 속하는 아찔한 유형의 반전(역전)을 제공한다. 내가 제시해 온 불합리스런 듯하지만 잘 버텨 온 결론들에는, 역설들에서 유래하는 결점이란 없다. 물론, 도덕적 역설들은 그 밖의 다른 역설들과는 다르지만, 그와 같은 차이점들은 규범적인 추리와 비규범적인 추리 사이에 나타나는 잘 알려진 차이점들을 반영하며, 관련된 개념들에 속하는 상이한 특성들도 반영한다.

더 오래된 비도덕적 역설들에 속하는 잘 알려진 특징들 가운데 하나는 자기 스스로를 지워 버리는 국면이다. 그런 고전적인 예는 "거짓말쟁이 역설"인데, 그 역설에서는 "나는 거짓말을 하고 있다"라고 말함으로써, 그렇게 말하는 사람은 "만일 그가 실제로 거짓말을 하고 있다면, 그는 참말을 하는 것"으로, 그는 거짓말을 하고 있지 않다는 생각을 사람들로 하여금 지니게 한다. 이런 특성은 여러 면에서(인과적, 논리적으로), 일단의 도덕적 역설들에 의해 광범위하게 드러난다. 1장 "다행스런 불운"에서는 불행 그 자체가 행운으로 변형된다. 그러나 그렇다면 그것은 여전히 불행인가? 5장 "비처벌"에서는 아주 심각하며 공정치 못한 처벌과 관련된 위험이, 처벌에 대한 요구를 손상시킨다. 그리고 9장 "도덕적인 불평"에서는 불평하는 악행자도, 그에게 잘못된 일을 행하는 자도 모두 다 그들 자신의 태도를 위태롭게 해 왔다. 도덕적 역설과 비도덕적 역설 사이에 관한 그 이상의 비교는 우리의 탐구 범위를 넘어서 있다.

도덕적 역설과 회의론 사이에는 어떤 관련이 있는가? 이것은 쉬운 질문이 아니다. 분명히 그런 역설들은 사태가 도덕성에서보다도 규범적으로 덜 분명한 그런 곳에서 화제로 다루어지는데, 우리는 비판적이고 회의적인 마음으로 그런 것들을 탐구했다. 철학에서는 질문들이 대답보다 더 우수한 경향이 있으나, 그런 질문들이 역설에 관한 것일 때, 우리는 일들이 더 수월해지는 것으로 기대해서는 안 된다. 우리가 내린 결론은, 우리는 결론에 쉽게 이르러서는 안 되며, 우리들의 능력을 의심해야 한다는 그런 생각을 조성하게 된다. 사람들이 너무나 흔히 평이한 판단과 단순한 이념들에 매료되어 있는 그런 세계에서는, 역설성에 관한 인식이 유용한 해독제로서 기여하는 듯하다. 이 책에서 우리들의 탐구는 도덕적인 회의론을 제한하는 데 도움이 될 수 있다. 역설이 극히 적은 그런 영역을 두드러지게 하는 한쪽으로 치우친 그런 방법에서뿐만 아니라, 역설이나 그 해결 자체가 꽤 분명한 도덕적 결론(예컨대, 공감이나 도덕적 가치와 함께하듯이)을 제공하는 듯한 것에서도 말이다. 실로, 종종, 역설성을 조성하는 것이 바로 결론의 힘이다. "역설이라는 대지"의 도표 한구석에서 전진하는 일은 실제로 특이한 상황을 부여하며, 우리들의 신뢰를 얻게 할 수 있다. 왜냐하면, 여기서 우리가 그런 것들의 뜻을 이해할 수 있다면, 이것은 확실히 철학적 윤리학을 기원하는 우리들의 희망을 위해, 더 광범위하게 어떤 적극적인 함축들을 지닌다. 비록 우리가 의심과 불확실성으로 마무리할 때조차도, 이런 일은 진리에 대해 가해지는(윤리학에서의 진리에서조차도), 일반적인 회의론에 어울리는 이유를 우리가 이해하기 때문이 아니라, 관련된 복잡한 숙고와 같은 그런 요인들 때문이다. 흔히 도덕성과 관련된 문제란 우리가 어떤 것을 알 수 없어서가 아니라, 우리가 너무 많이 아는 듯하기 때문에 나타난다.

이 단계에서는, 많은 역설들에서 나타나는 불안정한 특성이 지적될 필요가 없다. 아마도, 어떤 역설들은 도덕적으로나, 개인적으로나, 사회적으로 위협적이기도 하고, 사람들이 그런 역설들을 깨닫지 못하게 된다면 더 나을 것인지에 관한 질문을 초래하기도 한다. 그런데 여기서 그런 역설들이란 예컨대, 서로 다른 이유들 때문에 소개된 2장 "유익한 퇴임", 5장 "비처벌의 역설", 6장 "도덕적으로 나쁜 일들에 관해 미안해하지 않는 것", 9장 "도덕적인 불평의 역설" 등이다. 이것은 역설에 관한 어떤 사람의 견해에 개의치 않을 수도 있음을 주목하라. 다른 역설들은 더 악의가 없다. 어떤 역설들에서는 해결책이 알려지는 반면에(4장 "공갈"; 아마도 2장 "유익한 퇴임의 역설"이나, 1장 "다행스런 불운"), 다른 역설들은 실제로 어떤 해결책을 필요로 하지 않으며, 역설성은 단지 결과적인 것이기도 하다(예컨대, 10장 "태어나지 않음을 선호하는 것"이나 8장 "도덕성과 도덕적인 가치"). 또는 그렇기도 한 듯하다. 9장 "도덕적인 불평의 역설"은 확실히 어떤 해결을 필요로 하는 듯하지만, 나는 그것이 무엇일지에 관해 말하기가 난처하다. 내가 잠정적으로 제안한 속박(강제)으로부터 불평을 분리하는 절충적인 해결은, 이율배반의 양 측면을 모두 거부하는 것처럼 거의 믿기 힘든 듯하다. 유사하게 나는 5장 "비처벌의 역설"이 그 이상의 것을 요구하고 있음을 안다. 그래서 우리는 역설에 관해 알아야 할 일을 광범위하게 알아야 할 듯하다. 그리고 역설이란 실재성이 존재하는 방법이라든가, 우리가 의심하는 쪽으로 변할 수 있는 그런 개념 때문에 존재하는 듯하다. 우리가 해야 할 중요한 일은 이것이 의미하는 바를 탐구하는 일이다. 그러나 나는 잘못을 범하고 있을는지도 모른다: 역설과 더불어, 사람들은 언제나 의심해야 한다. 다른 역설들과 함께, 훨씬 더 이야기되어야 할, 그리고 아마도 그런 것들에 관한 결과로서 우리 생각의 급진적인 수정을 위해, 여지가 있음을 나는 거의 의심치 않는다.

역설의 존재는 프리스트(예를 들어, Graham Priest 2006)로 하여금, 모순들이 진실일 수 있으며, 합리적으로 믿을 수 있음을 주장할 마음이 일어나게 했다. 나는 논리 그 자체의 수정을 위한 그런 극단적인 제안들을 따르지는 않을 것이다. 그럼에도 우리가 탐구해 왔던 몇몇 도덕적 역설들은 전적으로 무모순적이고도 정합적인 도덕적인 견해에 속하는 그런 생각이 불가능함을 시사할 수도 있다. 본래, 도덕성은 그 범위가 제한적이거나 어떤 영역에 한정될 필요가 있으며, 도덕이론은 불가피하게 불완전하며 과도하게 확장된 것일 수도 있다. 이런 점에서, 도덕적 역설들은 도덕성이 지닌 특성, 도덕적 직관의 역할, 그리고 도덕이론이 지닌 큰 뜻에 관해 의문들을 유발해야 한다. 그러나 아직은 너무나 일러 비관론이 매우 주목할 만하다거나, 그런 비관론이 어떤 형태를 추구해야 할지에 관해 말할 수는 없다.

여기에 많은 가능성들이 있는 듯하다: 첫째, 우리는 논리학 내에 모순이 포함되기를 원할 수도 있다. 도덕적 역설들이 엄격한 모순들에 관련되어 있다 할지라도, 그런 논리학 내에는 도덕적 역설들과 관련된 주목할 만한 어떠한 것도 없기 때문이다. 내가 말했듯이, 나는 이런 급진적인 논리적 수정주의의 방향을 따르고 싶지는 않다. 둘째, 도덕성에는 진리가 없다고 여겨지기 때문에(또는 패러다임으로 보아 도덕적인 주장은 참도 거짓도 아니거나, 이런 유형의 어떤 것이기 때문에), 도덕성은 특별한 것일 수도 있다. 나는 그와 같은 도덕성의 상태에 관해 메타윤리적(meta-ethical)인 회의론을 가정하고 싶지도 않다. 그러면 어떤 선택들이 남겨져 있을까? 하나의 선택은 지식에 기초한 (인식적인) 것이다: 논리학은 엄격한 모순들을 내세울 수 없으며, 도덕성은 논리적인 요청을 접할 필요가 있다. 하지만 그런 모순들은 우리가 아직은 그런 역설들을 충분히 이해하지 못함을 지적한다. 잘못은 우리에게 있다. 나는 이것이 몇몇 역설들(아마도 "비처벌의 역설")에는 그 경우가 해당될 수도 있지만, 다른 경우들에는 그렇지 않음을 믿는다. 다른 경우들에는, 두 가지 일들이 전개될 수도 있음을 나는 믿는다: 첫째, 우리는 진지한, "실존적"인, 도덕적 불합리성을 지니는데, 그런 불합리성은 그럼에도 논리적 모순을 포함하지는 않는다. 역설성이 모순을 요청하지 않는 한, 그리고 이 책에서 역설이라는 개념이 모순을 포함하지 않음을 보여 주고 있는 한, 우리는 무사히(논리적으로 그리고 메타윤리적으로) 역설을 지닐 수 있다. 몇몇 역설들은 아마도 해결법을 지니기는 하지만 ― 우리는 이율배반의 한쪽을 선택한다 ―, 그러나 그럼에도 그런 역설들은 역설성과 불합리성(예컨대, "유익한 퇴임의 역설")을 여전히 나타내는 것으로 우리는 알아 왔다. 다른 역설들과 모순을 이루지는 않지만, 그런 역설은 도덕적 실재성이 불합리함(정의와 처벌, 그리고 도덕성과 도덕적인 가치에 관한 두 가지 역설들은 아주 다른 이런 유형의 예들이다)을 가리킨다. 그런 경우들에서는, 도덕적인 실재성과 개인적인 실재성이 불합리하지 않게 될, 우리들의 심리적인 기대와, 그것이 실제로 처해 있는 그런 실재성 사이에는 모순이 있을 수 있지만, 논리적인 어떤 문제가 있는 것은 아니다. 이것이 모든 것을 망라하는가? 나는 확신하지 않는다. 이따금씩 나는, 약간의 역설들에서는, 우리가 일들을 이해하는 한, 도덕성 자체의 어떤 부분은 전혀 정합적이지 않을 수도 있음을 말하면서 포기해야 할는지도 모른다. 그러나 그처럼 말하기는 아직 너무 이르다.

역설에 어떤 해결책이 있는 듯한 때조차도, 그것이 상당한 완화를 유발시키지는 않는다는 것이 바로 의의 있는 일이다. (여러분이 나의 임의적인 결론에 동의한다면) "그것은 불운이 아니었다"라고 하는 것을, 1장 "다행스런 불운"에 관한 아주 그럴듯한 견해로 보는 것이 바로 중요하다. 그렇지 않으면 2장 "유익한 퇴임"에서 퇴임이 도덕적으로, 인간적으로 강제적으로 이루어지는 결심일지도 모른다는 것이 바로 중요하다. 하지만 그렇기 때문에 앞의 두 역설이 증기처럼 사라져 없어진다는 생각은 잘못이다. 역설은 그 해결보다는 더 광범위하다. 역설의 해결이 지닌 특성은 (이론적이거나 실천적인), 어떤 면에서는, 역설과 경외(敬畏)에 관한 우리들의 생각을 증대시킬 뿐이다. 역설이 불협화음을 불러일으키기는 하나, 역설이 해결된다면 그런 해결이 지닌 특성은 그 이상의 두드러진 역설성을 포함할 수도 있을 것이다.

역설과 함께하는 생활, 역설에 관해 인식하는 것을 피하려 노력하기보다는 오히려 역설성에 의해 알게 되는 삶을 추구하려면 우선은, 불확실성을 향한 고도의 인내를 필요로 한다. 또한 우리가 알 것이 있다는 것을 우리가 알게 되었을 때에도, 우리는 계속해서 역설적인 일들을 발견하게 된다는 점에 동의하게 된다. 무지와 앎은 함께 동거하기 힘들지도 모르지만, (앎은 역설에 속하는 앎이므로) 그처럼 많이 다르지 않을 수도 있다.

도덕적 역설의 주된 기여는 확실히 이 책 속에 있는 각각의 장들에 있다. 하지만, 개별적인 역설들을 넘어, 도덕철학을 수행하는 데에도 역설적인 방법에 관해 말할 수 있는가? 나는 머리말에서 도덕적 역설들을 추구하는 철학적인 체질들이 지니는 어떤 특성들에 관해 언급했다. 결국, "역설적 방법"에 속하는 장점들은 철학적으로 바람직하게 사색하는 것들과 다르지 않다: 그런 논법이 인도하는 명확성, 인내성, 상상력, 불확실성에 관한 솔직함과 관용에서 말이다. "역설탐구"는 상당할 정도로 이런 어떤 특성들과 결합되어 있을 경향이 있다. 우리들이 사용하는 개념들과 이론들에서, 그런 경구들을 추구하고, 그런 것들이 서로 모순을 일으킬 때조차도, 그럴듯한 관련된 모든 직관들에 대해 경의를 표하고, 널리 펼쳐진 일직선의 길보다는 구부러진 길을 기대하고, 특히 스스로 자기자신을 인용하고, 이율배반적이고 불합리한 것에 조율하는 그런 경향이 있다. 나는 역설에 관심을 기울이는 도덕철학자들이 더 많이 나타나기를 바라는데, 도덕적인 생각들과 도덕적 실재성에 관해 우리가 여기서 깨달은 것에 비추어 보건대, 이런 발전이 결실을 거두어야 하기 때문이다. 그러나 나는 이런 일이 도덕철학에서 유일하게 옳은 일이라고까지는 주장하지 않는다.

확실한 논제, 주제 및 경향들이 내가 탐구해 온 역설들에서 다시 마음에 떠오른다. 만일 여러분들이 "이곳"에 없다면 일들이 어떻게 될지에 관한 물음은, 2장 "유익한 퇴임"에서, 좀 더 급진적으로는 6장 "미안해하지 않는 것"과 10장 "태어나지 않음을 선호하는 것"에서 그 중심적인 역할을 한다. 1장 "다행스런 불운"에서도, 6장 "미안해하지 않는 것"에서도, 우리는 나쁜 사건들에 관해 놀라울 정도의 다양한 견해들을 취할 수 있는 생각들을 함께 나누었다. 6장 "미안해하지 않는 것"과 9장 "도덕적인 불평"은, 나쁘거나 잘못된 것으로 도덕적으로 평가되는 상황과, 미안해하지 않음을 애석해하지 않는 것 사이에 있는 간극이나, 그렇지 않으면 도덕적 불평에 관해 불평할 여지를 허용하지 않는 것 사이에 있는 간극을 보여 준다. 이런 두 가지 특정 역설들 사이의 결합에 관해, 그리고 그런 역설들이 지시하는 도덕성에 속하는 일반적으로 "관대"하고, 자기 참조적이고, 상호적인 견해에 관해 더 진척된 탐구가 있어야 한다. 8장 "도덕적인 가치"와 1장 "다행스런 불운"은 "명백히" 좋은 사건들의 나쁜 측면과, "명백히" 나쁜 사건들의 좋은 측면을 각각 탐구한다. 1장 "다행스런 불운"과 10장 "태어나지 않음을 선호하는 것"은 삶에서 "부분"과 "전체"의 역할과, 그리고 그런 것들의 상대적인 중요성을 결정할 때 우리들이 지닐 편류(leeway. 偏流)를 이끌어 낸다. 9장 "도덕적인 불평"도 1장 "다행스런 불운"도 어떤 범주의 사람들이 정당하게 불평할 수 있는지 그런 상황들을 한정하는 일에 관련되어 있다. 더 나아가 그런 결합은 우리가 계속해서 생각함에 따라 더 분명해져야 하며, 점차 개별적인 역설들도 더 잘 이해되어야 한다.

우리는 역설들의 존재 때문에 번민해야 할 것인가? 그것들을 해결할 필요가 있다는 점에서는 그렇다. 역설이라는 것은 우리들의 이해의 흐름에서는 단지 방해물일는지도 모른다. 우리가 그런 사실을 아직 인지하지 못해, 방해물로서 제거해 버린다면, 우리는 신선한 기회를 이해하는 데 실패하게 된다. 우리는 싸움 없이 역설성에 몸을 맡겨서는 안 된다. 그렇지 않으면 역설성의 실현은 확신을 가져오지 못하기 때문이다. 문제는 그런 것을 넘어서는 사정 여하에 달렸다. 우리의 모든 올곧은 노력에 대해, 우리가 역설로써 끝을 맺는다면, 그것 역시 우리가 이제까지 배워 온 것이다. 아마도 죄인들에게 형을 선고하는 일에도 역설에서 완전히 벗어나는 일은 없을 것이다(또는 우리는 때때로 5장 "비처벌"에서 이루어진 제의를 수용함으로써, 그것을 여전히 고양해야 한다). 아마도 많은 사람들은 그들 자신이 조기에 퇴임함으로써 생길 수 있는 이익과 관련된 개인적인 도전에 직면할 필요가 있다. 대부분의 역설들의 경우에서는, 숨겨진 심오함이 드러나는 반면에, 4장 "공갈 역설"에 대한 해결은, 어떤 도덕성은 불안할 정도로 얄팍하며, 우리가 생각한 것보다 도덕적으로 훨씬 더 못한 것임을 보여 준다. 우리는 그런 결과들이 받아들이기 어렵거나 마음에 들지 않을지라도, 공감과 같은 강요로부터 불평을 분리하면서, 도덕적으로 미지의 바닷속으로 떠나는 것 이외에 다른 선택이 없다.

도덕적 역설의 축적은 우리들에게 도덕적 실재성과 윤리적 견해에 관해 무엇을 가르치는가? 그것의 개인적-실존적인 함축된 의미는 무엇인가? 우선, 복잡성과 놀라움이 뚜렷하게 된다. "불운은 불운이다"라는 표현은 놀랍지만 그렇게 단순하지만은 않다. 흔히, "이 사람은 불평할 수 있습니까?"라는 질문에 대한 답변은 그렇지 않다. 처벌과 관련된 똑같은 논제에서도 아주 상이한 역설을 우리가 지닌다는 사실이 본래 의의가 있다. 어떤 사람이 태어나지 않음을 선호한다면, 그런 사람은 분명히 가치 있는 삶을 살지 않았다고 윌리엄스(Bernard Williams)는 생각했을지라도, 윌리엄스처럼 도덕적인 반성에서 열려 있고, 교양 있는, 세심한 그런 사람도 거의 없었다. 이런 것은 잘못인 듯하다. 평등주의자들이 내세우는 이상은 선택에 기초해야 한다는 자연스런 생각이, 역설들로 이루어진 우리(den)로 이어짐을 우리가 알게 될 때까지는, 바람직한 직관을 형성한다. 유사하게 도덕적으로 나쁜 어떤 것으로부터 다음의 경우가 아닌 어떤 결론에 이르는 추론은 의심스럽다: 그런 경우란 도덕적으로 착한 사람은 물질에 관해서는 행복하지 않은 것으로 기대될 수 있다. 아인슈타인(Albert Einstein)이 분명하게 말하지는 않았지만, "모든 것은 가능한 한 단순하게 만들어져야 하지만, 그보다 더 단순화되어서는 안된다"라고 했듯이 말이다.

역설과 규범윤리학에 관한 이론들 사이의 관계는 복잡하며 불확실하다. 공감과 관련된 역설이 공리주의자들이 지닌 생각의 탁월성을 말하는 반면에, 태어나지 않음을 선호하는 일은 공리주의자들의 견해에서 드러나는 미숙한 주장임을 나는 과도한 단순화를 무릅쓰면서 제시하려 한다. 3장 "정의와 엄한 처벌에 관한 두 역설"은, 우리들이 어느 하나를 포기할 수 있다는 어떠한 지시도 내리지 않아, 결과론자와 의무론적 숙고에 근거하여 주장하는 데 어려움을 불러일으킨다. 처벌과 관련된 도덕성이 타당하기 위해 요청되는 대다수의 윤리이론들은 일들을 실존적으로 역설적이게 한다. 6장 "미안해하지 않는 것"은 어떤 덕 이론 요인을 첨부하는 반면에, 9장 "도덕적인 불평"은 자기반성적이며 아마도 실질적으로는 도덕성이 지닌 계약적인 많은 특성을 드러내 보인다. 게다가 이론수준에서는 다원론이 강화되는데, 이를 피할 수는 없는 듯하다. 그리고 이론이 종종 중요하지만(처벌에 관해 생각할 때처럼), 이론들이 흔히 도움만을 주지는 않으며, 주어진 역설적인 맥락에 속하는 개별자들이 여러 가지 차이를 만든다.

분석적으로 철학을 하는 방법이 전형적인 대륙철학('실존적인 역설'과 불합리성의 유행과 같은)으로 어떻게 귀착되는지 알아보는 일은 흥미를 끄는 일이다. 극동의 사상형식 속에서 좀 더 친숙한 어떤 결론들(불행한 상황을 받아들이려는 욕구와 합리성의 한계에서처럼)이 또한 발현되는 것으로 보여진다.

문제들이 놀라운 방법으로 나타나는 것으로 여겨질 수 있는 도덕적인 상황과 방법이 지닌 다양성 및 깊이에 관해 나는 되풀이하여 서술하지 않을 것이다. 역설들은 단지 지적인 수수께끼가 아니다. 역설들은 우리로 하여금 철학적인 구조를 받쳐 주도록 허용하는, 가능성을 열어 놓는, 통찰을 제공하는 그런 입구이다. 그런 것들은 역설의 실재성에 관한 특유의 복잡성들을, 놀라움을 기대하는 욕구를, 널리 퍼진 다양성 및 깊이를 보여 준다. 더욱이, 그런 실재성은 의심할 여지없이 비꼬인 듯하다. 이런 점에서 역설들은 우리의 도덕적이고 개인적인 영역에서 블랙홀과 같으며, 기묘한 일들이 그곳에서 발생한다. 역설들은 삶의 비합리성을 보여 주는데, 우리는 그런 것에 접하게 된다. 선택-평등주의자들이 지니는 바람직한 도덕적인 의도가, 선택 시에 현저한 중요성과 결합될 때는, 그런 의도들을 불합리성으로 안내한다. 불운이 흔히 행운으로 밝혀진다는 사실은 상황에 대한 우리들의 평가를 복잡하게 하지만, 그 이외에 그런 많은 상황들과 그런 것들이 함축하는 것에 관해(말하자면 보상이나 후회를 위해) 아주 비꼬인 어떤 것이 있다. 도덕성의 목표와 도덕적 가치가 지닌 중요한 형식은 반대방향으로 진행하는 것으로 밝혀진다. 도덕적 역설들에 의해 생기는 심술궂음은 종종 좋은 일이기도 하다.

다수의 기본적인 가치들도 분명히 모든 역설들에서 나타난다. 성실이 2장 "유익한 퇴임의 역설"에서나 도덕적인 "실수"에서 필요함을 우리가 알 때처럼, "비극"이라는 단어의 사용이 흔히 부적당한 것만은 아니다. 역설들은 추리력을 강화하면서 동시에 비이성적인 것을 유행하게 함도 보여 준다. 실로, 비이성적인 것을 드러내 보임으로써, 우리는 추리와 이해에 대한 우리의 능력들을 확인한다. 하지만 불안한 이성은 진척할 수 있는 반면에, 불안한 채로 남아 있기도 쉽다. 우리가 그런 가능성을 이해하면 할수록, 더욱 더 역설적인 일들이 배제될 수 없다. 우리는 도덕철학을 하면서 앞으로 나아가야 하지만, 역설로부터 자유로운 미래의 도덕성을 향한 전망들은 희미해 보인다. 역설성은 여기에 머무를 운명으로 되어 있다. 어쩌면 우리는 이런 것에 대해 너무 많이 후회해서는 안 된다. 우리가 메타-역설에서 보았듯이, 어떤 역설성은 좋은 것이며, 긍정적인 사회나 개인의 발전으로부터 이끌어 내진다. 더욱이, 역설들은 삶의 풍족함과 다양성에서 나타날 수 있는 숨 쉴 수 있는 공간을 창조하며, 우리의 능력, 우리의 갈망, 우리 자신을 전체적인 시야 속에서 바라보도록 우리를 돕는다. 실로, 역설은 도덕성과 인간조건에 고유한 듯하다.

솔직, 관용, 조심성 및 지적인 겸손이 어떤 경우에서든 필요한 듯하다. 그런 다양성, 복잡성, 심오함 및 사악함과 더불어 역설적인 놀라움은 더 멀리, 더 깊이 바라볼 수 있는 그런 사람들을 기다린다는 기대와 더불어, 다양한 가치와 관심을 지니게 한다. 단순한 표어, 이론, 기대에 대한 실패와 더불어, 우리가 도덕성에 관해 말할 수 있는 것이 그 무엇이든, 도덕성은 단순하지도, 독선적이지도, 낙관적이지도 않고, 지루하지도 않다.

대체로, 도덕적 역설은 우리가 계속 그 뜻을 이해하고, 이루어지고 있는 것과 뜻하는 바를 이해할 것을 요구한다. 역설에 깊이 물들여졌지만, 그럼에도 이성에 순응할 수 있는, 도덕적 실재와 이해에서 유래하는, 그런 발현하는 상(像)이 이런 주제에 관해 더 나아갈 과제를 가져온다. 이런 정신에서 보면, 우리의 토론을 여기에서 마무리 짓는 일은 잘못인 듯하다.

후기: 미래와 도덕적 역설

The Future and Moral Paradox

책들은 나에게 가르치기보다는 실습시키기 위해 기여해 왔다.

몽테뉴, 『수상록 Essays』

인간의 능력과 환경에 급격한 변화가 곧 있음을 생각해야 할 합당한 이유들이 있으며, 우리의 도덕성에도 꼭 영향을 줄 면들이 있다. 새로운 과학기술이 인간의 본성과 사회에 관해 우리들이 지닌 많은 상식적인 상정들을 쇠퇴하게 할 것이다. 우리들은 그런 변화들에 대해 그 잠재가능성을 충분히 알지 못하며, 그런 변화들이 지닌 특성과 함축하는 것에 관해 거의 이해하지 못하지만, 그런 것들이 대단하리라는 것을 확신할 수는 있다.

유전공학, 나노과학기술, 생물학적인 것과 기계공학적인 것의 융합은 인간의 인지적, 물리적, 감성적인 능력들을 고양할 것이다. 인간이 급격하게 그리고 반복적으로 수정될 수 있다면(또는 그들 스스로 수정한다면), 정체성, 선택, 가치, 힘, 책임에 관한 물음들이 극단적인 면으로 변모될 것이다. 또 다른 일련의 쟁점들은 도덕적 공동체의 회원에 관한 것이다. 우리의 도덕적 세계가 인류에 의해 너무 먼 곳에 있게 되면, 변방에 있던 다른 동물들, 새로운 초인간이나 "변형된" 인간(new super (or 'trans')-human), 보충인간(sub-human), 모호한 인류(dubi-ously-human, 예컨대 로봇 같은)가 우리의 미래 사회를 차지하게 될 것이며, 그리고 인류에 대한 존경, 육체의 불가침성, 폭력, 성(性), 평등과 같은 논제들에 관해 철저하게 새로운 사고방식을 필요로 할 것이다. 감시, 통제, 조작, 대화, 지식(예컨대, 인간들이 거짓말을 하고 있을 때에 관한)과 관련된 과학기술은 사회의 힘에 대한 인간의 양심 및 자율의 역할을 고쳐 쓰게 하며, 그리고 정체성, 사적 자유 및 자율을 보호할 필요성에 관해 예리한 물음들을 야기한다. 질병의 근절, 노화과정을 차단하고 장기이식을 위한 과학기술의 효력, 그리고 그 결과로서 나타난 수명 연장은 경력, 기회, 성공과 실패 및 가족에 대한 의미를 변형시키게 할 것이다. 안전을 향한 새로운 화학적·가상현실 역량과, 지속적인 쾌락의 유인은 인간의 경험을 변형시킬 것이다. 이런 것들은 미래의 윤리학이 취급해야 할 논제 및 문제유형들에 속하는 단지 몇몇 예들에 불과하다.

그처럼 광범위한 전망들이 도덕적 역설에 관한 우리들의 관심사에 어떻게 문제가 되는가? 우선, 우리는 그런 것들이 이 책에서 들추어진 역설들에 어떻게 영향을 주는지 물을 수 있다. 그런 것들 가운데 몇몇은 철저하게 개조되거나 제거될 수 있을는지도 모른다. 하물며 인간이 하는 대부분의 노동유형을 위해 필요하지 않다면, 유익한 퇴임의 역설은 덜 문제가 되어야 한다. 범죄를 다루는 역설들은 인간 자신의 욕구를 다룰 인간의 증진된 능력을 통해서나 고양된 사회적인 통제를 통해, 범죄를 방지하는 더 효과적인 방법들에 의해 버려져야 할는지도 모른다. 하지만, 이런 역설들조차도 오랫동안에 걸쳐 관련을 맺으면서 남아 있기 쉽다. 더욱이, 그런 역설들(예컨대, 성실이나 공포나 조작의 역할에 관한)에 의해 야기된 도덕적 사고를 위한 혼란은 지속되어야 한다.

다른 역설들은 더 친숙한 방법으로 우리들에게 남아 있기 쉽다. 만일 인간의 삶이 유토피아적인 방식으로 증진하다면 도덕성과 도덕적인 가치는 좀 더 엄격하게 되기 쉽다. 9장 "도덕적인 불평의 역설"이 지니는 이율배반이, 그 특징을 잃게 되는 그런 인간세계에 관해 생각한다는 것은 힘든 일이다; 그렇지 않으면 불운이 행운을 결코 입증하지는 못하게 될 것이다. 규범적인 요인이 가장 중요한 그런 역설들도 관련을 맺으면서 남아 있기 쉽다: 7장 "기선의 역설"이 평등주의자들에게는 문제가 될 것이다. 비록(앞에서 언급한 것처럼) 평등을 요구할 자들이 ─ 또는 요구하지 않는 자들이 ─ 우리가 오늘날 다루는 그런 사람들과는 아주 다를지라도 말이다. 그 이외에 사회적인 관행에 맞추어, 공감 및 그와 유사한 것에 의해 야기된 도덕적인 물음들도, 과학기술의 변화와는 무관하게, 지속성을 유지하면서 남아 있기 쉽다.

급진적이며 빠른 변화에 속하는 어떤 주목할 만한 결과가 아주 새로운 역설들을 야기하기 쉽다. '테플론 부도덕성'(Teflon immorality. Teflon: 열에 강하고 때를 안 타는 합성수지)이라고 일컫는 쟁점을 하나의 예로 들면서 살펴보자. 이것은 사람들이란 비도덕적으로 행위할 수 있으며, 여러 가지 이유들 때문에, 도덕적(그리고 법적)인 회계술이 미치는 범위를 벗어나 있다는 면에 관여하고 있다. 그 쟁점은 인간사회 초기부터 문제가 되어 왔다. 비행을 저지르는 사람들은 항상 체포되지 않으려 노력하기 때문이다. 그러나 우리는 만일 어떤 비행을 저지르는 사람이 다른 어떤 사람으로 스스로 쉽게 변모될 수 있다면(예컨대, 옛 기억들을 없애 버리고 새로운 것들을 이식함으로써), 책무성과 관련된 쟁점은 더 심각해지게 될 것이다. 결국, 우리의 현행 도덕표준에 따르면, 그런 변형 후에는 책임을 질 어떠한 사람도 남아 있지 않게 될 것이다. 그런 일은 도덕성을 궁지에 몰아넣는다. 이런 일은 결국 그런 전망들을 음미할 처지는 아니지만, 앞으로도 계속 도덕적 역설들에 관한 탐구들로 바빠질 그런 어떤 쟁점들의 윤곽임을 우리는 지금도 파악할 수 있다.

도덕철학은 보존적인 경향이 있다. 도덕철학이 도덕적 역설들에 소홀히 해 왔듯이, 도덕철학은 인간조건에서 변화를 향한 전망을 거의 접하지도 못해 왔다. 비록 우리가 놀라운 인간의 능력을 발휘하는 시대에, 그리고 역동적인 불확실성의 시대에 진입하고 있다 할지라도 말이다. 기본적으로 새로운 선택의 출현, 예측할 수 없고 다루기 어려운 변화의 범위와 속도, 그리고 옛날에는 확실하다고 여겨졌던 것들의 붕괴는, 이율배반과 불합리성을 산출하기 쉽고, 미래를 더욱 역설적인 것으로 만들기도 쉽다. 미래를 예측하려 함으로써보다는, 후대의 안목에서 우리 자신을 어떤 바보처럼 보이게 하는 일보다 쉬운 방법은 없다. 하지만 지금 그런 세세한 것들을 예측한다는 것은 불가능하지만, "미래의 역설"들이 있을 것이며, 미래에서도 우리는 고도의 역설적인 환경과 마주쳐야 할 가능성이 매우 높다. 이런 면은 도덕적 역설들에 익숙해져 가는 것이, 그리고 우리가 도덕적 역설들과 마주칠 수 있는 방법에 관해 반성하는 일이 특히 중요시됨을 뜻한다.

미래 사람들의 지능도 훨씬 고양될 것이므로, 사람들은 새로운 도덕적 역설들을 인지하기도 하고 동시에 더 잘 처리할 수 있을 거라는 합리적인 기대를 함으로써, 우리는 위로를 받을 수도 있다.

역설의 존재나 유형은 흔히 사회적인 선택에 의존하곤 한다: 만일 우리가 X라는 과학기술의 전개를 허용한다면, Y라는 유형의 역설적인 결과들이 창발하기 쉽다는 점을 우리는 예측할 수도 있다. 오늘날까지도 11장의 메타-역설에서 보아 왔듯이, 우리는 역설들의 범위에 관해 어떤 선택을 한다. 어떤 역설들이 존재하는 것이 좋은지 나쁜지를, 그리고 그런 역설들을 제한해야 할지 고양할지 여부에 관해, 우리가 물음을 던질 때 말이다. 그러나 미래가 어떤 가능성에 확실히 근접한다 할지라도, 아마도 그런 미래는 그런 일들에 근거하여 훨씬 더 큰 선택력도 제공할 것이다. 게다가 이런 식으로, 우리가 이 책에서 수행하여 온 그런 유형의 일은, 현행 도덕세계에 관해 우리에게 가르치는 것을 뛰어넘어 중요시된다. 현재에 비해 미래는 너무나 다르고, 더욱 더 역설적일 것 같기 때문에, 그리고 더욱 더 역설적이기 때문에, 우리는 역설들을 다룰 필요가 있으며, 다가올 역설성에 관해 준비할 필요도 있다.

참고문헌

Arneson, Richard(1989) Equality and equality of opportunity for welfare. *Philosophical Studies* 56, 77~93.

_____(2000) Luck egalitarianism and prioritarianism. *Ethics* 110, 339~49.

Benatar, David(2006) *Better Never to Have Been*. Clarendon Press, Oxford.

Brams, Steven J.(1976) *Paradoxes in Politics*. The Free Press, New York.

Clark, Michael(1994) There is no paradox of blackmail. *Analysis* 54, 54~61.

_____(2002) *Paradoxes from A to Z*. Routledge, London.

Cohen, G. A.(1989) On the currency of egalitarian justice. *Ethics* 99, 906~44.

Cohen, L. Jonathan(1981) Who is starving whom? *Theoria* 47, 65~81.

Feinberg, Joel(1988) The paradox of blackmail. *Ratio Juris* 11, 83~95.

_____(1992) Wrongful life and the counterfactual element in harming. *Freedom and Fulfilment*. Princeton University Press, Princeton.

Fletcher, George P.(1993) Blackmail: the paradigmatic crime. *University of Pennsylvania Law Review* 141, 1617~38.

Gawande, Atul(2004) The bell curve. *New Yorker* <http://www.newyorker.com/printables/fact/041206fa_fact>

Goleman, Daniel(1985) *Vital Lies, Simple Truths*. Simon & Schuster, New York.

Gorr, Michael(1992) Liberalism and the paradox of blackmail. *Philosophy and Public Affairs* 21, 43~66.

Greespan, Patricia S.(1980) A case of mixed feelings: ambivalence and the logic of emotion. In Amélie Oksenberg Rorty(ed.), *Explaining Emotions*. University of California Press, Berkeley.

Hart, H. L. A.(1970) *Punishment and Responsibility*. Clarendon Press, Oxford.

Heyd, David(1992) *Genethics*. University of California Press, Berkeley.

Hurka, Thomas(1993) *Perfectionism*. Oxford University Press, New York.

James, William(1982) The moral equivalent of war. *Essays in Religion and Morality*. Harvard University Press, Cambridge, Mass.

Kagan, Shelley(1989) *The Limits of Morality*. Clarendon Press, Oxford.

Kamm, F. M.(1993) *Morality, Mortality*, vol. 1. Oxford University Press, New York.

Kant, Immanuel(1986) *Groundwork of the Metaphysics of Morals*, trans. H. J. Paton as *The Moral Law*. Hutchinson, London.

Kavka, Gregory S.(1987) *Moral Paradoxes of Nuclear Deterrence*. Cambridge University Press, Cambridge.

Klein, Martha(1990) *Determinism, Blameworthiness and Deprivation*. Oxford University Press, Oxford.

Lenman, James(2007) Why I have no plans to retire: in defense of moderate professional complacency. *Ratio*, forthcoming.

Levi, Primo(1987) *If This is a Man*. Abacus, London.

Lindgren, James(1984) Unravelling the paradox of blackmail. *Columbia Law Review* 84, 670~717.

Lippert-Rasmussen, Kasper(2004) Smilansky's baseline objection to choice-egalitarianism. *SATS: Nordic Journal of Philosophy* 5, 147~50.

Lukes, Steven(1985) Taking morality seriously. In Ted Honderich(ed.),

Morality and Objectivity. Routledge & Kegan Paul, London.

Mack, Eric(1982) In defense of blackmail. *Philosophical Studies* 41, 273~84.

McMahan, Jeff(1985). Deterrence and deontology. In Russell Hardin, John J. Mearsheimer, Gerald Dworkin, and Robert E. Goodin(eds.), *Nuclear Deterrence Ethics and Strategy*. University of Chicago Press, Chicago.

Manor, Tal(2005) Inequality: mind the gap! A reply to Smilansky's paradox of the baseline. *Analysis* 65, 265~8.

Murphy, Jeffrie G.(1980) Blackmail: a preliminary inquiry. *Monist* 63, 156~71.

Nagel, Thomas(1998) Concealment and exposure. *Philosophy and Public Affairs* 27, 3~30.

New, Christopher(1992) Time and punishment. *Analysis* 52. 35~40.

_____(1995) Punishing times: reply to Smilansky, *Analysis* 55, 60~2.

Olin, Doris(2003) *Paradox*. Acumen, Chesham.

Parfit, Derek(1984) *Reasons and Persons*. Clarendon Press. Oxford.

_____(1986) Overpopulation and the quality of life. In Peter Singer(ed.), *Applied Ethics*. Oxford University Press, Oxford.

Poundstone, William(1990) *Labyrinths of Reason*. Anchor Books, New York.

Priest, Graham(2006) *In Contradiction*. 2nd edn. Clarendon Press, Oxford.

Quine, W. V.(1976) *The Ways of Paradox and Other Essays*. Harvard University Press, Cambridge, Mass.

Rakowski, Eric(1991) *Equal Justice*. Clarendon Press, Oxford.

Rawls, John(2000) *A Theory of Justice*. Rev. edn. Harvard University Press, Cambridge, Mass.

Rescher, Nicholas(2001) *Paradoxes: Their Roots, Range, and Resolution*.

Open Court, Chicago.

Sainsbury, R. M.(1996) *Paradoxes*. 2nd edn. Cambridge University Press, Cambridge.

Singer, Peter(1972) Famine, affluence, and morality. *Philosophy and Public Affairs* 1, 229~43.

Smilansky, Saul(1990) Utilitarianism and the "punishment" of the innocent: the general problem. *Analysis* 50, 29~33.

_____(1992) Two apparent paradoxes about justice and the severity of punishment. *Southern Journal of Philosophy* 30, 123~8.

_____(1994a) The ethical advantages of hard determinism. *Philosophy and Phenomenological Research* 54, 355~63.

_____(1994b) Fortunate misfortune. *Ratio* 7, 153~63.

_____(1994c) On practicing what we preach. *American Philosophical Quarterly* 31, 73~9.

_____(1994d) The time to punish. *Analysis* 54, 50~3.

_____(1995a) May we stop worrying about blackmail? *Analysis* 55, 116~20.

_____(1995b) Nagel on the grounds for compensation. *Public Affairs Quarterly* 9, 63~73.

_____(1996a) Responsibility and desert: defending the connection. *Mind* 105, 157~63.

_____(1996b) The connection between responsibility and desert: the crucial distinction. *Mind* 105, 385~6.

_____(1997a) Egalitarian justice and the importance of the free will problem. *Philosophia* 25, 153~61.

_____(1997b) Preferring not to have been born. *Australasian Journal of Philosophy* 75, 241~7.

_____(2000) *Free Will and Illusion*. Oxford University Press, Oxford.

_____(2001) Blackmail. *Encyclopaedia of Ethics*. 2nd edn. Routledge, London.

_____(2003) Choice-egalitarianism and the paradox of the baseline. *Analysis* 63, 146~51.

_____(2004) Reply to Kasper Lippert-Rasmussen on the paradox of the baseline. *SATS : Nordic Journal of philosophy* 5, 151~3.

_____(2005a) On not being sorry about the morally bad. *Philosophy* 80, 261~5.

_____(2005b) The paradoxical relationship between morality and moral worth. *Metaphilosophy* 36, 490~500.

_____(2005c) The paradox of beneficial retirement. *Ratio* 18, 332~7.

_____(2005d) Choice-egalitarianism and the paradox of the baseline: a reply to Manor. *Analysis* 265, 333~7.

_____(2006a) The paradox of moral complaint. *Utilitas*, 18, 284~90.

_____(2006b) Some thoughts on terrorism, complaint, and the self-reflexive and relational nature of morality. *Philosophia*, 34, 65~74.

_____(2007) The paradox of beneficial retirement: a reply to Lenman. *Ratio*, forthcoming.

Sorensen, Roy(2003) *A Brief History of the Paradox*. Oxford University Press, New York.

Statman, Daniel, ed.(1993) *Moral Luck*. SUNY Press, Albany, NY.

Taylor, Shelley E.(1989) *Positive Illusions*. Basic Books, New York.

Temkin, Larry S.(2003) Egalitarianism defended. *Ethics* 113, 764~82.

Velleman, J. David(2000) Well-being and time. *The Possibility of Practical Reason*. Oxford University Press, Oxford.

Williams, Bernard(1973a) Ethical consistency. *Problems of the Self*. Cambridge University Press. Cambridge.

_____(1973b) A critique of utilitarianism. In J. J. C. Smart and Bernard Williams, *Utilitarianism: For and Against*. Cambridge University Press, Cambridge.

_____(1985) *Ethics and the Limits of Philosophy*. Fontana, London.

_____(1995) Resenting one's own existence. *Making Sense of Humanity*. Cambridge University Press, Cambridge.

찾아보기

【ㅇ】

【ㅈ】

【ㅊ】